AF619675

LES GRANDS ÉCRIVAINS FRANÇAIS

PASCAL

PAR

ÉMILE BOUTROUX

PASCAL

VOLUMES DE LA COLLECTION DÉJÀ PARUS

DANS L'ORDRE DE LA PUBLICATION

Victor Cousin, par M. Jules Simon.
Madame de Sévigné, par M. Gaston Boissier.
Montesquieu, par M. Albert Sorel.
George Sand, par M. E. Caro.
Turgot, par M. Léon Say.
Thiers, par M. P. de Rémusat.
D'Alembert, par M. Joseph Bertrand.
Vauvenargues, par M. Maurice Paléologue.
Madame de Staël, par M. Albert Sorel.
Théophile Gautier, par M. Maxime du Camp.
Bernardin de Saint-Pierre, par M. Arvède Barine.
Madame de La Fayette, par M. le comte d'Haussonville.
Mirabeau, par M. Edmond Rousse.
Rutebeuf, par M. Clédat.
Stendhal, par M. Édouard Rod.
Alfred de Vigny, par M. Maurice Paléologue.
Boileau, par M. G. Lanson.
Chateaubriand, par M. de Lescure.
Fénelon, par M. Paul Janet.
Saint-Simon, par M. Gaston Boissier.
Rabelais, par M. René Millet.
J.-J. Rousseau, par M. Arthur Chuquet.
Lesage, par M. Eugène Lintilhac.
Descartes, par M. Alfred Fouillée.
Victor Hugo, par M. Léopold Mabilleau.
Alfred de Musset, par M. Arvède Barine.
Joseph de Maistre, par M. Georges Cogordan.
Froissart, par Mme Mary Darmesteter.
Diderot, par M. Joseph Reinach.
Guizot, par M. A. Bardoux.
Montaigne, par M. Paul Stapfer.
La Rochefoucauld, par M. J. Bourdeau.
Lacordaire, par M. le comte d'Haussonville.
Royer-Collard, par M. E. Spuller.
La Fontaine, par M. Georges Lafenestre.
Malherbe, par M. le duc de Broglie
Beaumarchais, par M. André Hallays.
Marivaux, par M. Gaston Deschamps.
Racine, par M. Gustave Larroumet.
Mérimée, par M. Augustin Filon.
Corneille, par M. Gustave Lanson.
Flaubert, par M. Émile Faguet.
Bossuet, par M. Alfred Rébelliau
Pascal, par M. Émile Boutroux.
François Villon, par M. G. Paris.
Alexandre Dumas père, par M. Hippolyte Parigot.
André Chénier, par M. Em. Faguet.
La Bruyère, par M. Paul Morillot.
Fontenelle, par M. Laborde-Milaà
Calvin, par M. Bossert.
Voltaire, par M. G. Lanson.
Molière, par M. G. Lafenestre.
Agrippa d'Aubigné, par M. S. Rocheblave.

Chaque volume, avec un portrait en héliogravure. . . . . **2 fr.**

1704-11. — Coulommiers. Imp. Paul BRODARD. — 11-12.

portrai de Mr pascal fait par mon pere

Pascal

Reproduction du portrait à la sanguine
dessiné d'après nature par Domat sur la couverture d'un volume de sa biblioth[èque]
Appartient à Mr Henri de Féligonde.

LES GRANDS ÉCRIVAINS FRANÇAIS

PASCAL

PAR

ÉMILE BOUTROUX

MEMBRE DE L'INSTITUT

CINQUIÈME ÉDITION, REVUE

PARIS

LIBRAIRIE HACHETTE ET Cie

79, BOULEVARD SAINT-GERMAIN, 79

1912

PASCAL

Pascal, avant d'écrire, se mettait à genoux, et priait l'Être infini de se soumettre tout ce qui était en lui, en sorte que cette force s'accordât avec cette bassesse. Par les humiliations il s'offrait aux inspirations.

Il semble que celui qui veut connaître un si haut et rare génie dans son essence véritable doive suivre une méthode analogue, et, tout en usant, selon ses forces, de l'érudition, de l'analyse et de la critique, qui sont nos instruments naturels, chercher, dans un docile abandon à l'influence de Pascal lui-même, la grâce inspiratrice qui seule peut donner à nos efforts la direction et l'efficace.

CHAPITRE I

ENFANCE ET JEUNESSE. — PREMIERS TRAVAUX

Blaise Pascal naquit à Clermont-Ferrand le 19 juin 1623. Il appartenait à une vieille famille d'Auvergne, dont un ancêtre, Étienne Pascal, maître des requêtes, avait été anobli par le roi Louis XI. Si ancienne qu'elle fût, cette noblesse de robe demeurait plus proche de la bourgeoisie que de la noblesse d'épée. Elle s'était de bonne heure distinguée par sa calme résistance au despotisme. Pendant la Fronde, la magistrature, sans mutinerie, se montra nettement hostile au pouvoir absolu des rois. Le père de Pascal, Étienne Pascal, fils et petit-fils de fonctionnaires des finances, était conseiller élu pour le roi en l'élection de Bas-Auvergne à Clermont. Il fut bientôt second président en la cour des aides de Montferrand, cour qui, en 1630, fut transférée à Clermont. Il avait épousé Antoinette Bégon, personne distinguée par sa piété et son esprit. Il en eut quatre enfants, dont trois seulement vécurent : Gilberte, la future Mme Périer, née en 1620, Blaise, de trois ans plus jeune, Jacquette ou Jacqueline, née en 1625.

Blaise avait trois ans lorsque sa mère mourut. L'influence féminine, toutefois, ne fut pas absente de son éducation. Car il grandit entre ses sœurs, auxquelles il était tendrement attaché. Il reçut également les soins d'une personne de confiance, que Mme Périer appelle *ma fidèle*, et qui fut sans doute plus qu'une domestique.

Le père, Étienne Pascal, savant en mathématiques, versé dans la physique, lié avec les plus habiles gens de cette époque, avait à cœur de donner à ses enfants, à son fils surtout, une solide éducation. En 1631, il vendit sa charge, pour pouvoir se consacrer tout entier à cette tâche. Sa situation de fortune lui permettant d'arranger à son gré son existence, il quitta Clermont, où les compagnies mondaines l'auraient distrait de son occupation, pour se retirer à Paris. Il y connaissait la famille du célèbre avocat Antoine Arnauld, ennemi des jésuites, mort en 1619. Des vingt enfants qu'avait eus Antoine Arnauld, dix étaient restés, dont Arnauld d'Andilly, l'aîné, et Antoine Arnauld, le théologien, né en 1612, le plus jeune.

Étienne Pascal se forma, pour l'instruction de son fils, un plan soigneusement médité. Sa principale maxime était de tenir toujours cet enfant au-dessus de son ouvrage. Il avait décidé de ne pas lui faire étudier le latin et le grec avant douze ans, non plus que les mathématiques avant quinze ou seize. Entre huit et douze ans il lui fit voir seulement, d'une manière générale, ce que c'est que les langues; il lui expliqua comment, après qu'elles s'étaient formées naturellement, on les avait réduites en grammaire, par l'analyse et la classification de leurs éléments. Par là il lui faisait connaître l'origine et la signification des règles énoncées par les savants. En même temps, il attirait son attention sur les phénomènes remarquables de la nature, tels que les effets de la poudre à canon et autres choses surprenantes.

Soit spontanément, soit sous l'influence de cette éducation, le besoin de comprendre s'éveilla vite chez Pascal. Non seulement il demandait les raisons de toutes choses, mais il était difficile à satisfaire. Il faisait voir une netteté d'esprit admirable pour discerner le vrai du faux. Il ne se bornait pas à questionner : il cherchait par lui-même. Quelqu'un ayant frappé un plat de faïence avec un couteau, il prit garde qu'il se produisait un grand son, mais que si du doigt on venait à toucher le plat, le son s'arrêtait aussitôt. Il en voulut savoir la cause, et se mit à faire mainte expérience sur les sons. Il y remarqua tant de choses que bientôt il composa sur ce sujet un traité en règle, qui fut trouvé tout à fait bien raisonné. Et, de fait, cet enfant de douze ans avait pratiqué, dans sa précision, la méthode expérimentale: remarque d'un fait curieux, comparaison des différents cas, conjectures sur la cause, expériences.

A cette instruction, toute positive, la religion n'était en rien mêlée. Non qu'Étienne Pascal fût libre penseur. Il se montrait, en matière de religion, sincèrement respectueux et obéissant. Il professait que ce qui est objet de foi ne le saurait être de la raison, encore moins lui être soumis. En revanche, il ne pensait pas que la foi fût de mise dans la recherche des choses naturelles; et, dans la conduite de la vie, il croyait possible et légitime d'allier l'esprit du monde et l'esprit de piété, les vues de fortune et la pratique de l'Évangile.

Cependant, ses calculs d'éducateur se trouvèrent soudainement déjoués. Un des points de son programme auquel il tenait particulièrement était de ne point parler à l'enfant de mathématiques avant que celui-ci fût âgé de quinze ou seize ans. Or le jeune Blaise, précisément, était curieux d'explications sur les sujets mathématiques, et posait des questions à son père. Celui-ci refusait de répondre, promettant à l'enfant de lui donner cet enseignement comme récompense, quand il saurait le latin et le grec. Un jour pourtant, Blaise n'ayant encore que douze ans, son père le surprit, occupé à démontrer la trente-deuxième proposition du premier livre d'Euclide, suivant laquelle la somme des angles d'un triangle est égale à deux droits.

Comment l'enfant était-il arrivé à se poser ce problème? Selon le récit de Mme Périer, qui reste le plus vraisemblable, Étienne Pascal, pressé par les questions de son fils, lui dit un jour que la mathématique donnait le moyen de faire des figures justes et de trouver les proportions qu'elles ont entre elles. Pascal se mit à rêver sur cela à ses heures de récréation; et, avec du charbon, il traçait des figures sur les carreaux, cherchant à les faire justes. Il appelait un cercle un rond, une ligne une barre. Il se forma des axiomes et des définitions, et il les combina en démonstrations successives. C'est ce qu'il expliqua à son père, lorsque celui-ci, épouvanté, lui demanda comment il en était venu à la question qui l'occupait

Il répondit qu'il avait préalablement trouvé telle chose et telle autre, et remonta ainsi jusqu'à ses définitions et à ses axiomes. Étienne Pascal alla confier cette aventure à son ami M. Le Pailleur, en pleurant de joie. Et il donna à son fils les *Éléments* d'Euclide, pour qu'il les lût dans ses récréations.

D'ailleurs il poursuivit l'exécution de son plan. Son fils ayant atteint sa douzième année, il le mit au latin, aux mathématiques, à la philosophie, et lui fit faire des études scientifiques en règle. Il lui enseigna le latin d'après une méthode à lui, où la grammaire latine était rattachée à la grammaire générale, telle qu'elle se déduit de l'observation des langues et des lois de l'esprit. L'histoire et la géographie faisaient l'objet d'entretiens suivis, tous les jours, pendant et après les repas. Il inventait des jeux propres à aider ses enfants dans cette étude. C'est également à table qu'il initiait son fils à la philosophie.

Les sciences avaient le premier rang dans cette éducation, et Blaise s'y appliquait avec ardeur, surtout aux mathématiques, où il trouvait les marques de la vérité.

Étienne Pascal réunissait chez lui des hommes d'esprit qui conféraient sur les questions scientifiques à l'ordre du jour. Le jeune Pascal, admis de bonne heure à ces réunions, y tint fort bien son rang; souvent même il apportait des idées utiles. Son père le mena bientôt à des conférences célèbres qui avaient lieu chaque semaine chez le P. Mersenne, et qui furent l'origine de l'Académie des Sciences. On y rencontrait Roberval, Carcavi, Le Pailleur, mathématiciens, Mydorge, passionné pour la fabrication des verres à lunettes et des miroirs ardents, Hardy, versé dans la connaissance des mathématiques et des langues orientales, le Lyonnais Desargues, qui cherchait dans les mathématiques et la mécanique le moyen de soulager les artisans dans leurs travaux. L'esprit de cette compagnie était principalement scientifique. On y appréciait avant tout les mathématiques, que Mersenne rêvait d'appliquer même aux choses morales. On y était également épris de faits, d'expériences et d'inventions utiles fondées sur la science. On n'était pas hostile aux anciens, mais on ne voyait en eux que des précurseurs; et, parmi les modernes, on appréciait le mathématicien Galilée plus que Bacon le philosophe.

Dans l'ordre philosophique et religieux, on alliait une foi sincère et solide à une certaine défiance de la raison en matière métaphysique. Et même, Mersenne ne voyait pas sans quelque complaisance la sceptique humilier l'orgueil des dogmatiques en montrant l'incertitude de leurs disciplines. En revanche, on n'admettait pas que l'inquisition romaine s'ingérât dans les affaires scientifiques, où seuls les sens et la raison doivent décider.

Plusieurs questions de grande importance furent agitées alors par ces savants. C'est ainsi qu'en 1636, Étienne Pascal et Roberval écrivent à Fermat pour l'avertir que nous ignorons en réalité la cause radicale qui fait que les graves descendent. Selon la commune opinion, la pesanteur serait une qualité qui réside dans le corps tombant lui-même. D'autres sont d'avis que la chute d'un corps procède de l'attraction exercée par un autre corps. Une troisième opinion, qui n'est pas hors de vraisemblance, veut que la cause soit une attraction mutuelle entre les corps, produite par un mutuel désir de s'unir ensemble. Comment juger la question ? Le seul moyen est d'examiner les conséquences expérimentales des trois hypothèses. Par exemple, si la pesanteur est une qualité qui réside dans le corps même, un corps grave devra peser toujours autant, qu'il soit loin ou près du centre de la terre. Cette conséquence, ainsi que celles qui se déduisent des autres hypothèses, doit être confrontée avec les faits. Nous ne pouvons, en ces matières, admettre d'autres principes que ceux dont l'expérience, aidée d'un bon jugement, nous a rendus certains.

Un événement scientifique qui dut frapper le jeune Pascal fut la publication des *Essais philosophiques* de Descartes, en 1637. L'ouvrage était attendu avec impatience par les savants. Roberval et Étienne Pascal paraissent avoir donné peu d'attention au *Discours de la Méthode*, qui en formait l'introduction. Ils jugèrent qu'il y avait dans la *Dioptrique* et les *Météores* des opinions particulières assez clairement déduites. Mais déduction pour eux n'était pas démonstration. L'auteur, disaient-ils, se trouverait bien empêché, si on le mettait en demeure de prouver ce qu'il avance. Les conceptions de l'esprit n'avaient de valeur que si l'on en pouvait tirer des conséquences vérifiables par l'expérience. L'hypothèse qui ne servait qu'à satisfaire la fantaisie métaphysique était chose méprisable.

Le troisième traité philosophique contenu dans les *Essais philosophiques* de Descartes fut l'occasion d'un vif débat entre Descartes d'une part, Roberval et le président Étienne Pascal d'autre part. Fermat ayant adressé à Descartes, sans se nommer, son *De maximis et minimis*, qu'il considérait comme comblant une lacune grave dans la géométrie du philosophe, celui-ci critiqua sévèrement l'ouvrage. Roberval et Étienne Pascal se firent les champions de Fermat, et il s'ensuivit une polémique assez vive, dans laquelle Descartes le prit sur un ton tour à tour plaisant et hautain. Ses adversaires cherchèrent moins à le comprendre qu'à le trouver en défaut. On était en défiance à son égard dans cette compagnie, malgré l'admiration si franche que le P. Mersenne professait pour son génie.

Dans une telle atmosphère, les facultés du jeune Pascal se développèrent rapidement. Il devint surtout habile dans les mathématiques et la physique. Il acquit le sens des démonstrations rigoureuses et de la convenance de la méthode avec la chose à démontrer. Il comprit comment on prouve, soit en mathématiques, soit en physique, et que la certitude ne peut venir que de l'accord de nos idées, non avec notre esprit, mais avec les choses.

En matière littéraire, Pascal parvint à une connaissance très suffisante du latin. Le lire et l'écrire ne lui causaient aucun embarras. Il paraît avoir su assez de grec pour confronter une traduction avec le texte. Sans doute aussi il fut capable de lire un livre italien. Il ne cultiva pas avec son père la littérature ancienne et moderne. Ce qu'il en connut lui vint de lectures qu'il fit plus tard. Il avait d'ailleurs pris l'habitude de méditer sur ce qu'il lisait, bien plus que de lire un grand nombre de choses; et en aucun domaine il ne fut jamais un érudit. Son instruction en théologie dut être aussi extrêmement sommaire. Il lui faudra tout apprendre lorsqu'il abordera cette science, et il n'y sera jamais qu'un écolier. En philosophie même il n'acquit certainement que des notions très générales, dans le temps qu'il étudia avec son père. Les faibles connaissances qu'il y possédera seront dues à quelques lectures qu'il fera plus tard.

Le commerce des savants ne fut pas le seul dont usa Pascal dans son enfance et sa première jeunesse. Il fut aussi, dans quelque mesure, initié à celui du monde. Sa sœur aînée Gilberte, belle et bien faite, intelligente et discrète, plaisait naturellement et était très recherchée. Elle devint maîtresse de maison, chez son père, alors qu'elle n'avait encore que quinze ans. Jacqueline avait une gentillesse d'esprit et d'humeur peu communes. Elle ravit Richelieu, devant qui elle joua la comédie. Elle faisait des vers, où elle rivalisait de galanterie avec Benserade et d'énergie stoïque avec le grand Corneille.

La famille Pascal recevait les nombreuses marques d'estime dont elle était l'objet avec une entière tranquillité d'esprit. On y avait plus de souci du mérite que de la réputation. Chargé, comme intendant de la généralité de Rouen, d'une fonction que des troubles récents en Normandie rendaient difficile et périlleuse, Étienne Pascal se montra aussi intègre que zélé, et se concilia le respect universel. Il ne s'enrichit pas dans l'exercice de sa charge. Mais il ne négligea pas non plus sa fortune. Il songea à la pousser, et à établir ses enfants.

En 1641, il maria Gilberte à Florin Périer, fils de sa cousine germaine et conseiller à la cour des aides de Clermont. Il avait apprécié en lui un très grand esprit joint à beaucoup de goût et de dispositions pour les sciences. Il comptait marier aussi Jacqueline, et ne prévoyait aucune difficulté dans l'exécution de ce projet. Jacqueline était fort soumise à la volonté de son père, et, sans aller au-devant du mariage, n'y répugnait nullement. Elle ne se demandait pas si elle était appelée à entrer en religion : elle avait, pour l'état religieux, un grand éloignement, et même un peu de mépris, parce qu'elle croyait qu'on y pratiquait des choses mal propres à satisfaire un esprit raisonnable.

Persuadée qu'on peut allier l'honnêteté selon le monde avec la pratique de l'Évangile, la famille Pascal ne fuyait aucune des relations, aucun des engagements que le monde tient pour permis et honorables.

Tel fut le milieu intellectuel et moral où grandit Pascal.

Dans son esprit si actif, la production suivait de près, si elle ne le devançait, l'enseignement reçu. Embrassant avec ardeur les objets qui le touchaient, il s'appliqua spécialement aux recherches mathématiques et mécaniques, et il fit de bonne heure, dans ce double domaine, des inventions remarquables.

Il n'avait pas seize ans lorsqu'il conçut l'idée d'un *Essai pour les coniques*. Il le rédigea en 1639 et 1640, mais ne le publia pas, à cause de son indifférence pour la réputation. Mersenne en envoya un extrait à Descartes. Celui-ci se borna à répondre qu'avant d'avoir lu la moitié de l'*Essai* du fils de M. Pascal, il avait jugé que celui-ci avait appris de M. Desargues; ce qui, ajoute-t-il, lui a été confirmé, incontinent après, par la confession que Pascal jeune en fait lui-même. C'était se montrer peu bienveillant. Car Pascal disait avec candeur, à propos d'une proposition fondamentale : « Je veux bien avouer que je dois le peu que j'ai trouvé sur cette matière aux écrits de M. Desargues, et que j'ai tâché d'imiter, autant qu'il m'a été possible, sa méthode sur ce sujet. » Leibnitz, qui eut communication du manuscrit entier vers 1676, en fut ravi; il exprima à la famille sa passion pour tout ce qui regardait feu M. Pascal, et l'engagea à publier le traité dans l'état même où il se trouvait. Le conseil de Leibnitz ne fut pas suivi, et nous ne possédons que l'extrait qui fut communiqué à Descartes.

L'œuvre de Pascal était la suivante. Il chercha un principe qui pût former la base de la théorie entière des sections coniques. Il le trouva dans la célèbre proposition de l'hexagramme mystique : tout hexagone inscrit dans une conique jouit de cette propriété, que les trois points de rencontre des côtés opposés sont toujours en ligne droite. Considérant, suivant une méthode qui paraît avoir été déjà employée par Desargues, les différentes coniques comme une même courbe qui, par les variations de certaines lignes, devient tantôt parabole, tantôt ellipse ou hyperbole, il en déduisait les propriétés dans quatre cents corollaires, tous tirés de la même proposition fondamentale, qui s'applique à la fois à toutes les coniques. Sa théorie, non seulement embrassait tous les résultats déjà obtenus par Apollonius, mais encore ajoutait des propriétés nouvelles aux propriétés déjà connues.

Pascal a pris conscience de ce que peut un principe général, convenablement choisi. Il s'occupe bientôt de déduire de ses connaissances scientifiques l'invention d'un instrument pratique auquel la théorie devra conférer son infaillibilité. C'est pour aider son père dans les calculs infinis auxquels celui-ci était obligé, qu'il conçut l'idée de cette invention. Il pensa qu'il devait être possible de réduire en mouvement réglé toutes les opérations de l'arithmétique, et, par conséquent, de construire une machine qui les exécutât. L'idée générale une fois trouvée, il se préoccupa de tous les détails de l'exécution, car il n'était pas de ceux qui se contentent de marquer la puissance de leur génie par l'indication d'un plan général, en laissant aux esprits secondaires la tâche de la réalisation. Il voulait mener son œuvre jusqu'au point où elle serait immédiatement et facilement utilisable. Il essaya donc toutes les combinaisons possibles; il fit jusqu'à cinquante modèles. Il surveilla lui-même le travail des ouvriers. Il montra une obstination incroyable à triompher des difficultés théoriques et pratiques, de celles qui venaient de l'inhabileté des hommes, de celles aussi qu'il commençait à rencontrer du côté de sa santé, mal armée pour une application si opiniâtre.

Il réussit enfin, après deux ans de travail (1640-1642). Dans la lettre par laquelle il présente sa machine à Mgr le chancelier Séguier, ainsi que dans l'*Avis* qu'il publie pour ceux qui voudront s'en servir, il réfléchit en philosophe sur le travail auquel il vient de se livrer. Il remarque que les mathématiques ont ce privilège de ne rien enseigner qu'elles ne démontrent. La géométrie et la mécanique, sciences mathématiques, lui fournissaient ainsi des principes certains. Mais pour réaliser un instrument utile comme celui qu'il avait en vue, les abstractions du mathématicien ne pouvaient suffire. Elles ne donnent qu'une théorie des choses en général. Or une telle théorie ne saurait prévoir les inconvénients qui naîtront de la matière, ou des conditions de fonctionnement des diverses pièces. Il faut, pour résoudre ces problèmes, joindre aux mathématiques la physique et l'expérimentation.

De fait, l'invention était certainement originale. Il n'existait alors d'autre machine à compter que l'instrument connu sous le nom de *Napier's bones* : bâtonnets de Napier. La multiplication y était réduite à une addition. Mais la retenue devait être faite par l'opérateur. Pascal, en trouvant le moyen de faire faire cette partie de l'opération par la machine elle-même, fut le premier inventeur véritable de la machine à calculer.

Pascal avait alors dix-huit ans. L'avenir s'ouvrait brillant et heureux devant ce jeune savant fêté dans le monde, et élevé suivant des principes sages et pratiques. A peine pouvait-on appréhender qu'il ne souffrît d'une disproportion déjà frappante entre ses forces physiques et son génie, et d'un besoin d'excellence, que les plus grands biens du monde seraient peut-être impuissants à satisfaire.

CHAPITRE II

PREMIÈRE CONVERSION
TRAVAUX PHYSIQUES

En janvier 1646, Étienne Pascal, alors âgé de cinquante ans environ, étant sorti de chez lui pour quelque affaire de charité, tomba sur la glace et se démit la cuisse. Il se confia aux soins de deux gentilshommes, demeurant près de Rouen, qui avaient une grande réputation pour ces sortes de maux. Ces messieurs étaient frères, et se nommaient M. de la Bouteillerie et M. des Landes. Touchés par les sermons de M. Guillebert, curé de Rouville, grand serviteur de Dieu, ils s'étaient abandonnés à sa conduite, et ils n'avaient plus d'autres pensées que celles de Dieu, de leur salut et de la charité envers le prochain. Ils passèrent un certain temps dans la famille Pascal, afin de s'assurer que la guérison qu'ils avaient procurée au patient était définitive. Ils édifièrent leurs hôtes par leurs exemples et par leurs discours. Ils les amenèrent à se demander s'ils avaient une instruction suffisante dans les choses de la religion, notamment s'ils étaient dans une opinion juste, en croyant que les vues de succès en ce monde se peuvent allier avec la pratique de l'Évangile.

Ainsi avertis, Étienne Pascal et ses enfants se mirent à lire plusieurs ouvrages de piété, que leur recommandaient les dévots gentilshommes : le *Discours sur la réformation de l'homme intérieur* de Jansénius, le traité *De la fréquente communion* d'Arnauld, les *Lettres spirituelles*, *Le cœur nouveau* et autres opuscules de Saint-Cyran.

Ces ouvrages contenaient, pour des personnes chrétiennes selon le monde, une sorte de révélation. Ils enseignaient que, d'après la pure doctrine du Christ et de l'Église, le péché originel n'a pas seulement dévêtu l'homme des dons surnaturels et affaibli sa nature, mais qu'il l'a corrompu jusque dans son fond. C'était, primitivement, l'essence même de l'homme d'aimer Dieu et de vivre de sa grâce. Dans cette créature privilégiée, la nature, déjà, était surnaturelle. En se préférant à Dieu et en rejetant la grâce divine, l'homme s'est véritablement perdu. Il est devenu, jusqu'à la racine de sa volonté, l'esclave de ce moi dont il s'est enchanté. Aussi, le retour à Dieu ne peut-il consister pour lui à superposer purement et simplement une vie surnaturelle à sa vie naturelle : la vie ne se peut joindre à la mort. Il faut, littéralement, qu'il se convertisse. Il faut qu'il renonce à tout partage entre le monde et Dieu. Dieu ne peut être en nous s'il n'est nous-même. En particulier l'homme doit renoncer à ce vain amour des sciences, qui nous séduit d'autant plus qu'il a un air d'honnêteté, mais qui n'est en effet que la coupable prétention de contenter son intelligence, en se passant des vérités éternelles.

Si les auteurs de ces livres n'avaient fait appel qu'au sentiment, aux mouvements aveugles du cœur, ou encore s'ils s'étaient bornés à citer et commenter des textes, il est probable qu'ils eussent médiocrement touché Pascal. Mais ils exposaient une doctrine, un système bien lié; ils prescrivaient d'ordonner toutes les puissances de l'âme en vue d'une fin unique. Et cette fin n'était autre que la participation à l'excellence divine elle-même. Par tous ces traits, les enseignements de Jansénius et de ses amis s'accordaient singulièrement avec le caractère de Pascal. Il était de ceux que le devoir attire, et qu'il fascine d'autant plus qu'il est plus rigoureux. Il trouva plus facile de se renoncer entièrement que de se donner à moitié. Il jugea, d'ailleurs, qu'il n'avait pas le choix; car sa raison, maintenant, lui représentait que se partager entre Dieu et le monde, c'était prétendre unir les contradictoires; et des deux partis, il était trop clair que c'était celui de Dieu qu'il fallait embrasser.

Il se convertit donc. Otant de son cœur tout intérêt mondain, il forma le propos de ne plus vivre que pour Dieu, de ne rechercher que lui, de ne travailler à autre chose sinon à lui plaire. Il résolut, notamment, de mettre fin à ces curieuses recherches auxquelles il s'était appliqué jusqu'alors, pour ne plus penser qu'à l'unique chose que Jésus-Christ déclare nécessaire. Il entreprit d'étudier sérieusement, non plus les sciences, mais la religion; et en même temps il commença à goûter les charmes de la solitude chrétienne, où, fermant son oreille aux bruits du monde, l'homme pieux communique avec le maître des hommes et des anges.

Tendrement attaché aux siens, il ne pouvait manquer de leur faire part de la clarté qui l'avait frappé, et de les exhorter à entrer avec lui dans les vraies voies du salut. Il travailla d'abord à la conversion de sa sœur Jacqueline. Celle-ci n'avait guère que vingt ans, elle aimait le monde et en était aimée. L'avenir lui souriait. Elle était, alors même, recherchée en mariage par un conseiller au parlement de Rouen. Pascal eut peine à lui faire comprendre qu'elle dérobait à Dieu la part d'elle-même qu'elle donnait au monde, et qu'elle devait renoncer à tout projet d'établissemem pour ne s'occuper que de Dieu seul. Mais il fit tant par ses exemples et par ses discours que bientôt les yeux de Jacqueline se dessillèrent. Elle vit avec quelle inégalité elle avait partagé son cœur entre le monde et Dieu, et elle en fut remplie de confusion. Elle embrassa la vie chrétienne dans sa pureté, elle voua à Dieu toutes ses pensées, toute sa vie. Et elle témoigna à son frère une grande reconnaissance de cet événement, se regardant désormais comme sa fille.

Puis, unissant leurs efforts, Pascal et Jacqueline décidèrent leur père à renoncer, lui aussi, aux biens de ce monde pour se donner entièrement à Dieu. Il se convertit avec la plus grande joie et persévéra dans cette disposition jusqu'à sa mort. Enfin, sur la fin de cette même année 1646, M. et Mme Périer, étant venus à Rouen, et ayant trouvé toute la famille adonnée exclusivement au service de Dieu, résolurent de les imiter. Car la grâce du Seigneur se répandait sur eux, et Dieu les toucha, et ils se convertirent à leur tour. Mme Périer n'avait que vingt-six ans. Elle renonça aux ajustements et aux agréments de la vie mondaine, pour vivre selon la piété la plus exacte.

La famille se mit sous la conduite de M. Guillebert, l'excellent pasteur qui avait été le premier instrument de la Providence en toute cette affaire.

Le zèle qu'une lumière nouvelle avait excité chez Pascal ne se borna pas au bien des siens, mais se répandit au dehors. Il y avait alors à Rouen un ancien religieux, Jacques Forton, dit frère Saint-Ange, qui attirait les curieux par l'enseignement d'une philosophie nouvelle. Il soutenait qu'un esprit vigoureux peut, sans le secours de la foi, parvenir, par son seul raisonnement, à la connaissance de tous les mystères de la religion; que la foi n'a d'autre rôle que de suppléer, chez les faibles, au défaut de la raison. Et des principes de sa philosophie il tirait cette conséquence, entre autres, que le corps de Jésus-Christ n'était pas formé du sang de la Vierge, mais d'une autre matière créée exprès.

Indépendamment des hérésies où aboutissait le frère Saint-Ange, Pascal jugeait condamnable, en lui-même, le principe d'où elles procédaient. Ce principe était contraire à tous les enseignements qu'il avait reçus. Il devenait proprement abominable aux yeux d'un homme qui avait appris dans Jansénius qu'attribuer aux facultés naturelles de l'homme la puissance de contribuer à notre salut, c'est déclarer inutile le sacrifice de la croix.

Informés que le frère Saint-Ange avait exposé ses idées à quelques jeunes gens, Pascal et deux de ses amis allèrent le voir et lui démontrèrent son erreur. Mais le frère Saint-Ange s'y obstina. Pascal et ses amis songèrent alors avec angoisse aux dangers que présentait un tel enseignement communiqué à la jeunesse. Ils résolurent d'avertir le frère, puis de le dénoncer s'il résistait. Celui-ci méprisa leur avis. Il le dénoncèrent donc à l'ancien évêque de Belley, M. Camus, alors suppléant de Mgr de Harlay, archevêque de Rouen. M. de Belley, disciple et ami de saint François de Sales, ayant interrogé cet homme, fut trompé par une profession de foi que celui-ci écrivit et signa de sa main. Dès qu'ils furent informés de cette méprise, Pascal et ses amis allèrent trouver, à Gaillon, M. l'archevêque de Rouen, lequel donna ordre de faire rétracter le frère Saint-Ange. Celui-ci s'exécuta, et l'on peut croire, dit Mme Périer, que ce fut sincèrement ; car jamais il ne montra de fiel contre ceux qui lui avaient causé cette affaire.

Ainsi se manifestait l'humeur bouillante de Pascal. Et cependant il était de plus en plus travaillé par la maladie. L'application prodigieuse qu'il avait donnée aux sciences avait miné sa santé. Il souffrait d'incommodités telles, que les médecins lui interdirent toute étude. Il avait le bas du corps presque paralysé, et ne pouvait marcher qu'avec des potences. Ses jambes et ses pieds étaient froids comme le marbre.

C'est sans doute dans cette période de sa vie qu'il composa la *Prière pour demander à Dieu le bon usage des maladies*. Cette prière repose sur une théorie d'une netteté toute scientifique.

Étant donné la maladie comme un mal, et un mal parfois incurable, le problème est de la rendre supportable, et même, s'il se peut, de la tourner en bien, par l'usage que nous en ferons. De ce problème la doctrine chrétienne fournit la solution.

Et d'abord elle explique l'existence de la maladie. L'homme a péché, enseigne-t-elle; et actuellement, dans son état naturel, il est sous l'empire de sa faute. S'étant détaché de Dieu pour se tourner vers les choses périssables, il est désormais attaché à ces objets. Or Dieu est à la fois justice et miséricorde. Juste, il impose à l'homme la souffrance comme expiation; miséricordieux, il la lui offre comme un moyen de se détacher des choses terrestres et de se diriger vers sa fin véritable.

Mais comment la souffrance pourra-t-elle avoir ce double effet? Suffira-t-il que je la subisse avec résignation, à la manière des païens? Si dans la manière dont j'en use il n'y a rien autre que ce que je peux me donner par moi-même, ma souffrance ne vaut pas plus que moi, et ne peut me sauver. Demanderai-je donc à Dieu de m'affranchir de la maladie et de la douleur? Ce serait réclamer, dès le temps de l'épreuve, la récompense des élus et des saints. Il faut que je souffre, et il faut que ma souffrance soit le canal par où la grâce entre en moi pour me changer.

Or, depuis Jésus-Christ, qui a souffert tous les maux que nous avons mérités, la souffrance est un trait de ressemblance, un trait d'union entre l'homme et Dieu. C'est d'ailleurs le seul, dans la vie présente. Donc, grâce à la souffrance, Dieu peut visiter l'âme humaine. Il suffit que, dans son amour, il unisse les souffrances du pécheur à celle du Rédempteur. Et assumée par Jésus-Christ, ma souffrance acquerra cette vertu purificatrice et rénovatrice que seule peut lui conférer l'action divine.

Et ainsi la doctrine chrétienne, avec l'explication du mal, en apporte le remède. Elle ne rend pas seulement la maladie acceptable : elle en fait l'instrument par excellence de notre conversion et de notre sanctification.

Si, dans cette prière, la conception est très nette, le sentiment n'est pas moins profond et moins fort. Pascal s'accuse d'avoir aimé le monde alors qu'il était en état de santé. Hélas! aujourd'hui encore, malgré l'éveil de sa conscience, le monde reste l'objet de ses délices. Que Dieu ne considère pas ses résistances, qu'il force l'entrée de son âme, et qu'il s'empare, comme un voleur, des vains trésors qu'y a entassés l'amour du monde. Dieu est la véritable fin de l'homme. Qu'il est heureux, celui qui peut aimer un objet si charmant, le seul qui ne déshonore pas l'âme humaine! Qu'heureux sont ceux qui, avec une liberté entière et une pente invincible de leur volonté, aiment parfaitement et librement ce qu'ils sont obligés d'aimer nécessairement!

Il est superflu de demander si cette prière est janséniste. Certes, c'est une œuvre de conception précise et de démonstration savante. Mais c'est en même temps l'élan d'un cœur très ardent et très simple, mû directement par la vision de la vérité, par la confiance filiale en la miséricorde du Père. La pensée elle-même, sans rien perdre de sa clarté, s'y fait vie et passion; et l'amour, en ses effusions les plus spontanées, y suit le fil d'une logique inflexible.

En automne 1647, Pascal, se trouvant un peu mieux, résolut de venir à Paris, pour y consulter des médecins. Il fut accompagné dans ce voyage par sa sœur Jacqueline. A Paris, ils entendirent parler des sermons de M. Singlin, qui faisaient alors grand bruit, et où se pressaient les auditeurs les plus illustres.

M. Singlin était confesseur des solitaires et des religieuses de Port-Royal. Selon l'esprit de la maison, il ne songeait nullement à paraître orateur et à briller. En revanche, il était exempt de la trivialité encore fréquente alors chez les prédicateurs. Il avait une parole simple et grave qui ne visait qu'à toucher. Et il y parvenait merveilleusement. Chacun, en l'entendant, s'imaginait que le prédicateur parlait spécialement pour lui, tant on se reconnaissait dans les portraits qu'il faisait de la misère de l'homme, de ses troubles et de ses besoins.

Étant allés l'entendre, Pascal et sa sœur Jacqueline remarquèrent qu'il n'était pas dans les idées de ceux qui estiment qu'un chrétien peut faire au monde sa part, mais qu'il ne voyait dans les attachements terrestres qu'un sujet de remords et de crainte pour celui qui voulait vivre selon Dieu. Ce langage leur parut remplir l'idée qu'ils avaient conçue de la vie chrétienne, et ils se firent un devoir de suivre avec assiduité les sermons du prédicateur.

Bientôt Mlle Pascal, ayant appris que M. Singlin

conduisait la maison de Port-Royal, songea à se faire religieuse dans ce monastère. Son frère l'y encouragea; et, par l'entremise de M. Guillebert, qui demeurait alors à Paris, elle entra en rapport avec la maison. Accueillie par la mère Angélique Arnauld, la vaillante et sévère abbesse, elle se rendit souvent à Port-Royal-des-Champs. Elle se mit sous la direction de M. Singlin, et reçut les avis de la tendre mère Agnès, sœur de mère Angélique.

M. Singlin ne tarda pas à remarquer dans Jacqueline les signes d'une véritable vocation. Mais il jugea à propos que l'on en parlât à monsieur son père. Blaise se chargea de cette commission auprès d'Étienne Pascal, qui était revenu à Paris au mois de mai 1648. Celui-ci ne put se résoudre à se séparer de sa fille, et refusa son consentement. Heureux d'ailleurs de la voir se donner entièrement à Dieu, il lui laissa une entière liberté de vivre chez lui comme elle le désirait. Et ainsi elle continua à se conduire d'après les avis de la mère Agnès, avec qui elle correspondait.

Pascal partage ses idées, comme on le voit par les lettres qu'il adresse, soit seul, soit en commun avec Jacqueline, à Mme Périer. Il lit les ouvrages de Port-Royal et ceux de ses adversaires, et il est du sentiment de Port-Royal. Il en est d'ailleurs à sa manière et selon ce qu'il trouve juste. Ainsi, comme il causait un jour avec M. Rebours, confesseur de Port-Royal, il lui dit, avec sa franchise et sa simplicité ordinaires, qu'il estimait possible de démontrer, par les principes mêmes du sens commun, beaucoup de choses dont se scandalisaient les esprits forts; et il exprima l'avis que le raisonnement bien conduit portait à admettre ces enseignements de la religion, encore que le devoir du chrétien fût de les croire sans l'aide du raisonnement. Or, là-dessus M. Rebours s'inquiéta, et, songeant aux savantes études de Pascal sur la géométrie, il lui dit qu'il était à craindre qu'un tel discours ne procédât d'un principe de vanité, et de confiance dans les forces du raisonnement. Sur cette réponse, Pascal s'interroge : il ne trouve rien en lui de ce que redoute M. Rebours. Dès lors, il convient de bonne grâce qu'il eût péché s'il avait été dans le sentiment qu'on lui attribue, et il s'excuse d'avoir donné lieu à une équivoque. Mais, bien que ses excuses soient prises pour une marque d'endurcissement, il ne retire rien de ce qu'il a dit.

Il est d'ailleurs convaincu que rien de ce qui est humain ne peut être une fin en soi pour l'activité d'une âme chrétienne. Ce fut l'aveuglement des juifs et des païens, de prendre la figure pour la réalité, et de se reposer dans l'amour des créatures comme dans le bien de l'âme humaine. Ceux à qui Dieu a fait connaître la vérité savent que les créatures ne sont que des images du Créateur, et n'usent de ces images que pour jouir de Celui qu'elles représentent. Terminer son ambition à la possession des créatures, c'est se contenter d'une perfection bornée : condition convenable aux enfants du monde. Mais aux enfants de Dieu il a été dit : « Soyez parfaits comme votre père céleste est parfait. » Nulle perfection bornée ne saurait être pour eux un état d'équilibre. Ils commencent à déchoir, dès qu'ils se relâchent de leur effort pour monter. Ils ne trouvent qu'en Dieu la stabilité et le repos.

Telles sont les pensées de Pascal depuis que Dieu l'a éclairé sur le vrai caractère de la vie chrétienne. Sans doute il est superflu de se demander si, dans le même temps, il a continué à s'appliquer aux sciences? Renoncer au monde, n'était-ce pas renoncer tout d'abord à celle de ses vanités qui, plus que les autres, avait séduit son âme? Mme Périer l'entend ainsi. Car elle place les expériences de Pascal touchant le vide avant sa conversion, et elle dit que cet événement termina toutes ses recherches scientifiques, du moins toutes celles auxquelles il appliqua son esprit. Mais telle ne fut pas la réalité; et c'est dans la période même où nous venons de le considérer, que Pascal conçut et réalisa les admirables expériences de physique qui sont une part importante de sa gloire.

En octobre 1646, Étienne Pascal et son fils reçurent à Rouen la visite d'un M. Petit, cartésien, habile expérimentateur, qui les entretint de la récente expérience faite en Italie sur l'horreur du vide. Pascal et M. Petit répétèrent cette expérience. Que prouvait-elle au juste? Habitué comme il l'était à distinguer entre le fait et l'explication, et à se garder des hypothèses, Pascal jugea qu'il était impossible de se prononcer sans imaginer de nouvelles expériences, propres à éliminer les interprétations fausses et à faire ressortir la vraie. Il ignorait d'ailleurs l'explication donnée par Torricelli. Il ignorait même que Torricelli fût l'auteur de l'expérience.

La question, à ses yeux, était la suivante : que

prouve l'expérience d'Italie, en ce qui concerne la proposition de l'horreur du vide? Cette question se décomposait ainsi : 1° La nature, dans ce phénomène, tend-elle à exclure le vide? 2° Y parvient-elle, ou laisse-t-elle se former un vide véritable? Pour mettre la nature en demeure de se prononcer sur ces questions, Pascal inventa de nouvelles expériences faites avec toutes sortes de liqueurs, eau, huile, vin, etc., et avec des tuyaux de toutes longueurs et dimensions; et il exécuta ces expériences devant beaucoup de personnes, afin de provoquer les objections.

Ces travaux firent grand bruit en Europe. Pascal en écrivit une relation abrégée qui parut le 4 octobre 1647, sous le titre de *Nouvelles expériences touchant le vide.* Il conclut ainsi : 1° la nature abhorre le vide, encore qu'il soit faux qu'elle ne le peut aucunement souffrir; 2° cette horreur n'est pas plus forte pour un grand vide que pour un petit; 3° la force de cette horreur est limitée. Là se bornent, en octobre 1647, les conséquences qu'il tire de l'expérience d'Italie. Elles sont importantes, au point de vue philosophique; car elles affirment, au nom des faits, l'existence du vide, qu'Aristote avait déclaré impossible au nom de la raison, et qui était suspect aux croyants, parce que les athées s'en étaient souvent servis pour expliquer le mouvement sans recourir à Dieu. Pascal dut y voir une preuve frappante de la vanité des opinions philosophiques.

Les conclusions de Pascal ne manquèrent pas de rencontrer des contradicteurs. Parmi ceux-ci, le plus ardent fut le P. Noël, de la Compagnie de Jésus. Ce Père était attaché à la doctrine péripatéticienne, mais puisait volontiers chez Descartes les arguments qui lui paraissaient propres à appuyer ses opinions. Pascal n'est pas sans s'en apercevoir; et ses critiques, en maint endroit, sans qu'il le dise, touchent les méthodes cartésiennes.

L'attaque du Révérend Père n'était pas exempte d'ironie. Pascal répond avec vivacité. En ce qui concerne les sciences, dit-il, nous ne croyons qu'aux sens et à la raison. Nous réservons pour les mystères de la foi, que le Saint-Esprit a révélés, cette soumission qui ne demande aucune preuve sensible ou rationnelle. Mais vous, vous imaginez, selon votre fantaisie, une matière dont vous supposez les qualités, un air subtil qui aurait des inclinations. Et si l'on vous demande de nous le faire voir, vous répondez qu'il n'est pas visible. Vos hypothèses vous satisfont : cela nous doit tenir lieu de démonstration. Vous donnez, d'ailleurs, des termes que vous employez, des définitions dont le terme à définir fait lui-même tous les frais. C'est ainsi que la période qui précède vos dernières civilités définit la lumière : *un mouvement luminaire de rayons composés de corps lucides, c'est-à-dire lumineux*. Voilà une définition à laquelle, en tenant compte des conditions d'une définition véritable, j'aurais peine à m'accoutumer. Tels sont, mon Père, mes sentiments, que je soumettrai toujours aux vôtres.

Le P. Noël réplique. Il fait tenir sa lettre à Pascal par le P. Talon, lequel lui donne à entendre que, le sachant malade, le P. Noël le dispense de répondre.

Pascal, fort incommodé en effet, demeure quelque temps sans écrire. Mais il apprend que quelques-uns de ces Pères, mal informés sans doute de l'intention du P. Noël, ont donné son silence pour un aveu de défaite. Ce serait à croire, s'il s'agissait de tout autre que de ce bon Père, que la dispense de répondre n'était qu'une prière déguisée de ne pas répondre. Pascal écrit, cette fois, à M. Le Pailleur, pour lui exprimer son sentiment sur la réplique du P. Noël. Très nettement il s'attaque au cartésianisme. On n'a pas le droit d'ériger les définitions en réalités, sous prétexte qu'elles présentent clarté et distinction. Il ne suffit pas d'appeler corps le vide apparent qui est au haut du tube, pour qu'il devienne tel. Je voudrais bien savoir de ce Père d'où lui vient cet ascendant qu'il a sur la nature, grâce auquel les éléments changent de propriété à mesure qu'il change de pensées, en sorte que l'univers s'accommode à l'inconstance de ses intentions.

Cependant le P. Noël, de plus en plus spirituel, publie un écrit intitulé : *Le plein du vide.* Il le dédie au prince de Conti, élève des jésuites qui deviendra janséniste. Il expose qu'il entreprend de justifier, en présence de Son Altesse, la nature, que des insolents osent accuser de vide. Il fera voir la fausseté des faits dont on la charge, et les impostures des témoins qu'on lui oppose.

Là-dessus Étienne Pascal intervient, et administre à ce Père, selon le précepte de l'Évangile, une correction fraternelle. C'est peu de nous leurrer de choses inconnues, de la sphère de feu d'Aristote, de la matière subtile de Descartes, des esprits solaires et de la légèreté mouvante : à bout de raisons vous employez l'injure. Or sachez que c'est une maxime générale de la société civile, qu'il n'y ait point d'autorité d'âge, point de condition, point de robe, point de magistrature, qui puisse donner la liberté d'invectiver contre qui que ce soit.

Telles furent les relations de la famille Pascal avec le R. P. Noël, de la Compagnie de Jésus.

Cependant, dès le mois de novembre 1647, Pascal avait envisagé sous un autre aspect l'expérience de Torricelli. Il se demandait, non plus si l'espace qui surmonte le mercure est réellement vide, mais quelle est la cause qui tient suspendue la colonne de mercure. Galilée avait démontré que l'air est pesant. Torricelli avait émis l'idée que la pesanteur de l'air pouvait être la cause du phénomène qu'il avait découvert. Pascal, qui, maintenant, a connaissance de cette pensée de Torricelli, remarque que ce n'est qu'une pensée, une explication possible, une hypothèse, tant que l'expérience n'a pas montré l'impossibilité de toute autre explication. Il s'agit donc de combiner une expérience telle, qu'elle fasse voir, dans la pesanteur de l'air, la seule cause admissible de la suspension du mercure dans le tube.

Que cette cause soit véritable, Pascal a, par avance, de bonnes raisons de l'admettre. Galilée avait expliqué le phénomène par l'hypothèse d'une horreur limitée de la nature pour le vide. Mais la nature est-elle capable d'horreur? Cette affection est une passion, et suppose une âme. Or la nature n'est ni animée ni sensible. De plus, Pascal étendant ses recherches aux conditions générales de l'équilibre dans les fluides, en est arrivé à se former à ce sujet un principe universel, d'où suit l'explication donnée par Torricelli,

Il conçoit de la manière suivante l'expérience à faire pour trancher la question : répéter, plusieurs fois en un même jour, l'expérience du vide, avec le même vif argent, dans un même tuyau, tantôt en bas, tantôt en haut d'une haute montagne. S'il arrive que la hauteur du vif argent soit moindre au haut qu'au bas de la montagne, il s'ensuivra nécessairement que la pesanteur et pression de l'air est la seule cause de cette suspension du vif argent, et non pas l'horreur du vide, puisqu'il est bien certain qu'il y a beaucoup plus d'air qui pèse sur le pied de la montagne que non pas sur son sommet, tandis qu'on ne saurait soutenir que la nature abhorre le vide au pied de la montagne plus que sur son sommet.

Pascal, dont les premières années se sont passées au pied du Puy-de-Dôme, pense sans doute à cette montagne dans le même temps qu'il imagine son expérience. Il eut l'idée d'en confier l'exécution à son beau-frère, M. Périer, conseiller en la cour des aides d'Auvergne, qui demeurait à Clermont. Il lui écrivit à ce sujet le 16 novembre 1647, lui donnant toutes les explications théoriques et pratiques qu'il jugeait nécessaires.

M. Périer, longtemps empêché, ne fit l'expérience que le 19 septembre 1648. Elle réussit pleinement. M. Périer constata, à mesure qu'il faisait l'ascension de la montagne, que la hauteur de la colonne baissait, et cela toujours exactement de la même quantité. Il en adressa à Pascal un compte-rendu détaillé. Pascal répéta l'expérience au bas et au haut de la tour Saint-Jacques de la Boucherie, puis dans une maison particulière, haute de quatre-vingt-dix marches : toujours il obtint le même résultat.

Le fait une fois bien constaté, Pascal, par le raisonnement, en tire les conséquences. Il faut renoncer, non pas partiellement, mais entièrement, à ce principe, admis par le consentement universel des peuples et par la foule des philosophes, que la nature abhorre le vide. Peut-être est-ce le jugement de la raison humaine. Mais l'expérience casse ce jugement. La pression de l'air est la seule cause des phénomènes. Voilà, démontrée par les faits, l'explication véritable, qui n'a rien de commun avec les imaginations des philosophes. C'est ainsi qu'aux yeux de Pascal cette découverte a une portée logique et morale, en même temps que scientifique.

Il est heureux et fier de l'avoir achevée et rendue définitive. Il ne songe pas d'ailleurs à se substituer à Galilée et à Torricelli. Il fait exactement la part de chacun; mais il a conscience d'avoir, en s'appuyant sur les travaux de ces grands hommes, poussé plus avant qu'eux notre connaissance de la nature. Il jouit de ce progrès, dont il a été l'instrument; il aura plus de joie encore le jour où il apprendra que quelqu'un a dépassé le point où il est arrivé.

Ce succès porte ombrage aux jésuites. Dans des thèses présentées en leur collège de Montferrand, on accuse Pascal, sans le nommer, de s'être dit l'inventeur d'une certaine expérience dont Torricelli est l'auteur. Pascal est affligé de cette accusation. Il écrit à M. de Ribeyre, premier président à la cour des aides de Clermont-Ferrand, à qui les thèses étaient dédiées, et lui expose en détail l'histoire de son expérience. M. de Ribeyre estime qu'il s'est trop ému. Le bon Père n'a sans doute été porté à étaler sa proposition que par une démangeaison qu'il avait de produire quelques expériences, qui, à son gré, détruisaient celles de Pascal, mais qui, en réalité, sont insignifiantes. Il a protesté d'ailleurs de sa bonne intention. Ce qu'on a pu dire contre Pascal est plus digne de mépris que d'attention.

« Votre candeur et votre sincérité, dit en terminant M. de Ribeyre, me sont trop connues pour croire que vous puissiez jamais être convaincu d'avoir fait quelque chose contre la vertu dont vous faites votre profession, et qui paraît dans toutes vos actions et dans vos mœurs. »

L'avenir réservait à la mémoire de Pascal une épreuve plus redoutable.

Entre l'époque des expériences de Rouen et celle de la lettre à M. Périer, Pascal avait eu à Paris deux entrevues avec Descartes, le 23 et le 24 septembre 1647. Il était très malade et ne pouvait guère soutenir une conversation. Descartes se préoccupa vivement de sa santé et lui conseilla de se tenir tous les jours au lit jusqu'à ce qu'il fût las d'y être, et de prendre force bouillons. Mais il ne manqua pas de mettre sur les questions scientifiques le jeune savant auquel il venait rendre hommage. Il fut question du vide ; et, comme on demandait à Descartes, à propos d'une certaine expérience, ce qu'il croyait qui fût entré dans la seringue, le philosophe, avec un grand sérieux, dit que c'était de sa matière subtile. Sur quoi Pascal lui répondit ce qu'il put; et M. de Roberval, qui était présent, croyant que Pascal avait peine à parler, entreprit avec un peu de chaleur M. Descartes. Ils partirent ensemble, et, seuls dans un carrosse, ils se chantèrent goguette un peu plus fort que jeu.

Voilà tout ce que contient sur ce sujet la lettre que Jacqueline écrivit à Mme Périer, le lendemain de la seconde entrevue.

Mais plus tard, le 11 juin 1649, Descartes, en priant Carcavi de lui apprendre le succès de l'expérience de Pascal, s'exprime ainsi :

« J'aurais le droit d'attendre cela de lui plutôt que de vous, parce que c'est moi qui l'ai avisé, il y a deux ans, de faire cette expérience, et qui l'ai assuré que, bien que je ne l'eusse pas faite, je ne doutais pas du succès. »

Et le 17, écrivant au même Carcavi, il répète :

« ... C'est moi qui ai prié M. Pascal, il y a deux ans, de vouloir la faire, et je l'ai assuré du succès comme étant entièrement conforme à mes principes, sans quoi il n'eût eu garde d'y penser, à cause qu'il était d'opinion contraire. »

Or, partant de ces affirmations de Descartes, Baillet, dans sa *Vie de M. Descartes*, puis Montucla, dans son *Histoire des mathématiques*, et, avec eux, de savants critiques, aujourd'hui même, attribuent à l'auteur des *Principes* l'invention que Pascal revendique comme sienne. Ils allèguent que, dès 1631, Descartes indique, dans une lettre, la poussée de l'air comme cause de la suspension du vif argent, qu'il a proposé de nouveau cette explication en 1638, et que, tandis que nous savons Pascal ardent et passionné, le caractère grave de Descartes nous est garant de sa véracité dans une chose qu'il affirme avec précision.

Ce débat est douloureux, et, en quelque sens qu'il soit tranché, semble devoir laisser une impression pénible. Mais la postérité n'est-elle pas, sur ce point, plus ombrageuse que les parties elles-mêmes?

Les relations scientifiques de Descartes et de la famille Pascal n'ont nullement été altérées par l'incident qui nous occupe. En 1650, M. Périer et Descartes, par l'intermédiaire de M. Chanut, ambassadeur de France à Stockholm, échangent leurs observations sur la suspension de la colonne de mercure. Quand Descartes meurt, M. Chanut mande cet événement à la famille Pascal en des termes qui marquent une grande estime réciproque. Il parle notamment de Blaise avec une vive admiration.

Indépendamment des raisons morales, nous avons des raisons de fait d'admettre que l'expérience est bien de l'invention de Pascal. Il en possédait tous les éléments. Il avait l'idée de la pesanteur atmosphérique comme cause probable du phénomène, ainsi qu'on le voit dans la lettre même de Jacqueline. C'était, à ses yeux, une suite de sa théorie générale de l'équilibre des liqueurs. Il était préoccupé, selon son habitude, de trouver, en cette matière, des expériences convaincantes. L'idée d'observer les manifestations de la pesanteur à des altitudes différentes, pour savoir si cet ordre de phénomènes était dû à une qualité interne ou à une cause extérieure, lui était familière. Car en 1636, Pascal père et Roberval avaient proposé ce moyen à Fermat pour rechercher si la pesanteur est une qualité qui réside dans le corps qui tombe, ou si elle résulte de l'attraction exercée par un autre corps. Il n'avait qu'à réfléchir sur des idées présentes à son esprit pour composer son expérience.

Ainsi en jugèrent les contemporains. En effet, quand Pascal eut formé son dessein, il en fit part à ses amis. Mersenne en avertit ses correspondants de Hollande, d'Italie, de Pologne, de Suède. Partout on en parla comme de l'expérience projetée par le jeune Pascal, sans que cette annonce, si répandue, donnât lieu à aucune réclamation.

Que faut-il donc penser des affirmations de Descartes? Elles nous apprennent que, dans l'entretien qui eut lieu entre Descartes et Pascal, il fut question de l'expérience du vide faite à des altitudes différentes. Descartes conseilla à Pascal de la faire, l'assurant du succès d'après ses principes. Cette raison n'était guère de nature à toucher Pascal. Mais Descartes fit-il plus que conseiller, suggéra-t-il l'expérience? On le croirait, à l'entendre dire que, sans son avis, Pascal « n'eût eu garde d'y penser, à cause qu'il était d'opinion contraire. » Mais nous savons précisément que l'assertion contenue dans cette phrase est inexacte; que Pascal n'était nullement d'opinion contraire; qu'il était, en réalité, plus porté que Descartes lui-même à considérer l'explication par la colonne d'air comme la seule possible, et que la différence d'opinion entre Descartes et lui ne portait que sur les motifs de leur sentiment respectif.

Sans songer à mettre en doute la bonne foi de ces deux grands hommes, en qui tous les témoins célèbrent l'innocence de la vie à l'égal de la doctrine, on peut croire que, préoccupé de l'opposition que Pascal faisait à ses principes, Descartes ne crut pas que celui-ci pût avoir eu le premier l'idée d'une expérience, qui, selon lui, les confirmait. Il a plus parlé que son interlocuteur, malade et un peu défiant; il était imparfaitement au courant des idées de Pascal, et il ne s'est pas rappelé avec précision ce que celui-ci lui avait dit.

A Pascal appartient donc bien la célèbre expérience qui porte son nom. Elle est remarquable en elle-même. Elle l'est davantage par le lien qui la rattachait dans l'esprit de Pascal à une théorie générale de l'équilibre des fluides, soit liquides, soit gazeux. Il exposa cette théorie dans le *Traité de l'équilibre des liqueurs* et dans le *Traité de la pesanteur de la masse de l'air*, composés en 1651. L'esprit de généralisation qui l'avait déjà servi en mathématiques produit ici l'un de ses plus beaux effets. Pascal établit une analogie complète entre la pression liquide et la pression atmosphérique.

Un faux principe, soi disant aristotélique, égarait les savants. Les éléments, disait-on, ne pèsent pas en eux-mêmes. Vainement Stevin, de Bruges, avait-il, vers 1586, révélé la transmission de la pression dans l'eau. Sa découverte avait été négligée. Pascal reprit cette idée; et, par cette heureuse combinaison du raisonnement et des expériences dont il avait le secret, il arriva à formuler, dans des termes en quelque sorte définitifs, le principe de l'hydrostatique :

Si un vaisseau plein d'eau, clos de toutes parts, a deux ouvertures, l'une centuple de l'autre; en mettant à chacune un piston qui soit juste, un homme poussant le petit piston égalera la force de cent hommes qui pousseront celui qui est cent fois plus large, et en surmontera quatre-vingt-dix-neuf.

Conformément à ce principe, Pascal démontre la pesanteur de l'air par analogie, en remplaçant l'air par l'eau dans l'expérience du vide. Et il prouve qu'il faut rapporter à la pesanteur de l'air tous les effets que l'on a jusqu'ici attribués à l'horreur du vide, tels que la difficulté d'ouvrir un soufflet bouché, l'élévation de l'eau dans les seringues, etc.

C'est ainsi que Pascal poursuit dans le détail les conséquences des lois générales qu'il a formulées, et se montre vraiment physicien. Mais en même temps il réfléchit sur la manière dont se forme et se développe la science, et déploie les qualités du philosophe. Ses lettres au P. Noël et à M. Le Pailleur sont riches en réflexions de cette nature. Et dans un opuscule intitulé *Préface sur le Traité du vide*, qui fut sans doute écrit dans le courant de 1647, il esquisse une philosophie de la physique.

Il y a, dit-il, deux sortes de choses : celles qui ne dépendent que de la mémoire, ce sont les choses de fait ou d'institution, soit divine, soit humaine; et celles qui tombent sous les sens ou sous la raison, ce sont les vérités à découvrir, objet des sciences mathématiques et physiques.

Ces deux domaines sont entièrement séparés l'un de l'autre. Dans le premier, l'autorité est seule admise. En effet, seule elle peut nous faire connaître les événements passés. En théologie, notamment, elle est souveraine, suffisant à ériger en vérités les choses les plus incompréhensibles, comme à rendre incertaines les plus vraisemblables. Mais dans les domaines physique et mathématique, l'autorité est sans force. On en convient aisément quant aux mathématiques. En physique, le problème est de trouver les lois de la nature, c'est-à-dire les rapports constants des phénomènes. Or l'autorité nous est inutile pour connaître des faits qui se passent sous nos yeux, et elle ne saurait prouver que ces faits s'expliquent par telle ou telle cause naturelle. La méthode mathématique n'y convient pas davantage, car les définitions que nous pourrions former en pareille matière, pour en dériver nos raisonnements, ne seraient que des fictions de notre esprit, auxquelles la nature n'est nullement tenue de se conformer. L'expérience et le raisonnement, celle-là comme point de départ et vérification de celui-ci, telle est l'unique méthode.

De cette différence de méthode résulte, entre la théologie et la physique, une différence capitale de caractère. La théologie est immuable : la physique est soumise à un continuel progrès. Il faut confondre l'insolence de ces faux sages, qui réclament pour Aristote le respect inviolable qui n'est dû qu'à Dieu. Le progrès que comportent les sciences physiques est une suite de leur double principe. D'une part les expériences multiplient continuellement, chacune d'elles apportant une connaissance nouvelle, soit positive, soit négative. D'autre part, il n'en est pas de la raison humaine comme de l'instinct des animaux. Ceux-ci n'ont d'autre destinée que de se maintenir dans un état de perfection bornée : un instinct toujours égal leur suffit. Mais l'homme n'est produit que pour l'infinité : son intelligence va donc se perfectionnant sans cesse. Il débute par l'ignorance. L'expérience qu'il acquiert le pousse à raisonner, et les effets de ses raisonnements augmentent indéfiniment. Dès lors, grâce à la mémoire, grâce aux moyens qu'ont les hommes de conserver leurs connaissances, non seulement chacun d'eux avance de jour en jour dans les sciences, mais tous ensemble y font un continuel progrès. « De sorte que toute la suite des hommes, pendant le cours de tant de siècles, doit être considérée comme un homme qui subsiste toujours, et qui apprend continuellement. »

Quel est donc notre vrai rapport à l'antiquité? Les mots nous trompent. Ceux que nous appelons anciens étaient nouveaux en toutes choses, et formaient proprement l'enfance de l'humanité. C'est nous qui sommes les anciens; et, si l'antiquité pouvait être un titre au respect, c'est nous qui serions respectables. Mais rien n'est respectable en effet, sinon la vérité, qui n'est ni jeune ni ancienne, mais éternelle. Si quelques anciens ont été grands, c'est que, dans leurs efforts pour y atteindre, ils ne se sont servis des inventions de leurs prédécesseurs que comme d'instruments pour les dépasser. De quel droit nous interdirait-on d'en user de même à leur égard?

Ce discours de Pascal n'est pas un simple écho de la protestation de la Renaissance contre le culte superstitieux de l'antiquité. En somme, il relève les anciens plus qu'il ne les déprime. Sa doctrine du progrès lui permet de leur rendre justice, sans péril pour la libre recherche. Les connaissances qu'ils nous ont transmises, ont, selon lui, servi de degrés aux nôtres. C'est parce que nous sommes montés sur les épaules de nos prédécesseurs, que, plus aisément et moins glorieusement, nous voyons plus loin qu'eux. Ils ont eu une science proportionnée au nombre de faits qu'ils possédaient. Sur le sujet du vide, par exemple, ils avaient raison de dire que la nature n'en souffre point, puisque toutes leurs expériences avaient cette signification. Juger autrement eût été substituer une vue de l'esprit à la réalité telle qu'elle leur était donnée.

D'autre part, le progrès que célèbre Pascal est strictement borné au domaine scientifique. Il ne touche pas la vie morale. Dans l'ordre intellectuel même, il n'a pas ce caractère de loi naturelle et nécessaire, que lui attribueront Turgot et Condorcet. Il ne ressemble en rien à une évolution qui modifierait la nature de nos facultés. Il ne s'applique qu'aux connaissances; et, si celles-ci s'additionnent, c'est grâce aux inventions et au travail des hommes, non par l'effet d'un mouvement fatal.

C'est ainsi que, dans les années 1646 et suivantes, nous voyons Pascal adonné à des recherches de physique et de philosophie. Le ton de ses écrits, sa correspondance ne laissent aucun doute sur sa disposition : en son âme subsiste l'attache aux sciences humaines. Or c'est au commencement de cette même année 1646 qu'il s'était converti à ce christianisme austère, qui n'admet nul partage entre le monde et Dieu, et qui condamne avec une sévérité particulière la concupiscence de l'esprit, c'est-à-dire la curiosité scientifique. Et à ne considérer que sa vie religieuse, pendant cette période, rien ne trahit un relâchement ou un changement quelconque. Quel était donc, dans ce temps, l'état de son âme?

Il avait étudié les sciences et il les aimait passionnément. Les sciences, pourtant, ne l'avaient pas pris tout entier. Elles ne parlent pas des choses humaines, elles disputent sur des abstractions. Pascal a un besoin de vie et de sentiment trop profond pour s'y absorber. D'autre part, il a été instruit de ce que Dieu demande en effet à ceux qui prétendent le servir. Certes, il a été très frappé de la force de cette doctrine, si conforme aux enseignements de Jésus-Christ et si bien liée. Il l'a embrassée très sincèrement. Mais cette foi lui a été communiquée du dehors : elle a été une adhésion de son intelligence, plus qu'elle n'a jailli de son cœur par l'action propre de la grâce.

Il n'appartient donc, en réalité, ni à la science, ni à la religion. Toutes deux sont des objets extérieurs, dont il contemple la vérité. Et ainsi, il peut se prêter tour à tour à la religion et à la science. Tandis que son esprit s'applique aux choses divines, tout le reste s'évanouit à ses yeux. Mais vienne à se présenter une question scientifique, sa fantaisie se tourne vers ce nouvel objet. Jadis il se partageait, maintenant il oscille entre le monde et Dieu. Une semblable condition est-elle durable? Ne risque-t-elle pas notamment de mettre l'homme à la merci des circonstances extérieures?

CHAPITRE III

VIE MONDAINE. — TRAVAUX MATHÉMATIQUES

Depuis longtemps déjà la santé de Pascal était ébranlée. Ni sa patience admirable, ni la continuation des remèdes ne lui apportaient d'amélioration. Les médecins s'avisèrent que l'excès de travail était le principal obstacle à sa guérison. Ils lui prescrivirent de quitter toute application d'esprit et de chercher les occasions de se divertir. Or déjà Étienne Pascal s'occupait de réveiller le goût de la société dans l'esprit de sa fille Jacqueline, qui avait failli le quitter pour entrer au monastère de Port-Royal. Il résolut de mener ses enfants en Auvergne, où il avait de nombreuses relations, afin de changer le cours de leurs pensées. La famille s'y rendit en mai 1649. L'état d'esprit de Jacqueline ne se modifia point. Mais Blaise, privé des joies de la recherche scientifique, chercha une occupation dans le commerce du monde, et ne tarda pas à goûter cette vie nouvelle. Il se mit à jouer et à se divertir pour passer le temps. Il se livra, sans dérèglement toutefois, aux amusements de la société.

La famille étant revenue à Paris, probablement en novembre 1649, Pascal s'y lia avec plusieurs personnes imbues de l'esprit du monde. C'était d'abord le jeune duc de Roannez, âgé d'une vingtaine d'années, son voisin. La communauté de goûts et d'études scientifiques fut l'origine de leur liaison. Entre un grand-père dissolu et une mère négligente, le duc se trouvait, par sa jeunesse et sa haute condition, exposé à mille périls. D'un caractère confiant et fidèle, il s'attacha à Pascal, au point de ne pouvoir se passer de lui. Puis ce fut le chevalier de Méré, poitevin, honnête homme avec entêtement, puriste et précieux, affectant la simplicité, le naturel et le bon sens, voyant dans les choses de l'esprit et du sentiment un monde spécial, qu'il mettait très au-dessus du monde naturel. Ce fut Miton, un libertin, habile à découvrir la vanité de toutes les occupations humaines, et se reposant avec calme dans ses décourageantes observations. Pascal fréquenta aussi le libertin des Barreaux, un voluptueux épicurien, un impie, qui devenait dévot dès qu'il était indisposé; et Mme d'Aiguillon, la nièce du cardinal de Richelieu, qui jadis avait fait demander Jacqueline Pascal pour jouer la comédie; et la marquise de Sablé, qui tenait un brillant salon de précieuses.

Il n'avait pas encore noué toutes ces relations, mais il était déjà engagé assez avant dans le monde, lorsqu'il perdit son père, le 24 septembre 1651. Étienne Pascal mourut dans de grands sentiments de piété. Sa perte ne causa pas seulement à Pascal, si tendrement uni aux siens, une cruelle et profonde douleur : elle rappela son esprit à la méditation des choses religieuses. Il chercha dans la foi des motifs de consolation, et il s'empressa de faire part à ses proches de ceux qu'il avait trouvés. Il les exposa dans une lettre qu'il écrivit à M. et Mme Périer le 17 octobre 1651.

Le développement de sa pensée présente une suite logique très rigoureuse. C'est la doctrine, en effet, selon Pascal, qui doit agir sur le cœur.

Nous cherchons la consolation, et, s'il est possible, le changement du mal en bien. D'où peut-elle nous venir, réelle et solide, sinon de la vérité? Il s'agit donc, sachant par l'intelligence ce qu'est en effet la mort, d'arriver à en user pratiquement, dans nos jugements et notre conduite, conformément à cette connaissance.

Selon les païens, la mort est une chose naturelle. Si cela était, elle serait nécessairement un mal. Car elle serait, dans la réalité, ce qu'elle est dans l'apparence : la corruption et l'anéantissement; et elle ne laisserait nulle place à l'espérance. Mais, suivant la vérité que le Saint-Esprit nous a apprise, la mort est une expiation et un moyen de nous délivrer de la concupiscence. Elle a cette signification en Jésus-Christ; et elle la prend en nous, si nous mourons avec Jésus-Christ.

Reste l'horreur instinctive de la mort, si difficile à dompter. Nous en serons maîtres, si nous en comprenons l'origine.

Selon la vraie doctrine chrétienne, notre amour actuel de la vie est une corruption du penchant pour la vie éternelle, que Dieu avait mis en nous. Dieu s'étant retiré de notre âme à la suite du péché, le vide infini qu'il y laissait a été rempli par notre moi et par les choses de la vie présente. Dès lors, notre amour, ne sachant où se prendre, s'est attaché à ces objets. L'horreur de la mort, que nous éprouvons, vient de cet amour déréglé. Et ainsi elle est, au fond, l'horreur primitive de la mort de l'âme, détournée de sa fin et appliquée faussement à la mort du corps. Il ne peut donc être question de l'abolir, ce qui, d'ailleurs, serait impossible, mais de la ramener à sa forme vraie. A mesure que nous redouterons davantage la mort spirituelle, la mort corporelle nous inspirera moins d'épouvante.

Est-ce à dire que nous puissions réussir à envisager sans souffrance naturelle la mort d'un être cher? Nous ne le pouvons ni ne le devons. Car l'action de la grâce, par laquelle seule nous nous détachons de nos impressions naturelles, se heurte nécessairement à l'effort contraire de notre concupiscence; et c'est la meurtrissure douloureuse de celle-ci qui mesure le progrès de celle-là. Pleurons donc notre père, cela est juste. Soyons consolés, cela est juste également; et que la consolation de la grâce l'emporte sur les sentiments de la nature.

Les déductions de Pascal sont très serrées. Peut-être le chrétien raisonne-t-il ici plus qu'il n'est ému. En revanche, l'homme parle avec un sentiment singulièrement profond et délicat de ce que peut la nature humaine pour manifester sa piété envers les morts.

« J'ai appris d'un saint homme, dit Pascal, qu'une des plus solides et utiles charités envers les morts est de faire les choses qu'ils nous ordonneraient s'ils étaient encore au monde, et de pratiquer les saints avis qu'ils nous ont donnés, et de nous mettre pour eux en l'état où ils nous souhaitent à présent. Par cette pratique nous les faisons revivre en nous en quelque sorte, puisque ce sont leurs conseils qui sont encore vivants et agissants en nous. »

Il semble que Pascal ne se sente pas encore définitivement conquis à la piété. Il avoue que, s'il avait perdu son père six ans plus tôt, lors de l'accident qui lui survint, il se serait perdu, et que, maintenant même, son père lui eût été nécessaire dix ans encore. Et, de fait, ce n'est pas seulement dans la considération de la mort selon la doctrine chrétienne, c'est encore dans les affections et les occupations du monde qu'il va chercher un allégement de sa douleur. Il étend ses relations, fréquente des beaux-esprits et des libertins. Il perd peu à peu l'habitude d'envisager toutes choses par rapport à Dieu, et de lui soumettre toutes ses pensées.

C'est ainsi que, recevant beaucoup de consolation de la société de sa sœur Jacqueline, il lui demanda, comme une chose naturelle, de retarder au moins d'un an son entrée en religion, pour demeurer avec lui. Jacqueline se tut, par crainte de redoubler sa douleur. Mais elle confia à Mme Périer que son intention était de se consacrer à Dieu aussitôt que les partages auraient été faits.

Pascal, cependant, par des donations réciproques, réussit à convertir la part de Jacqueline en rentes viagères qui devaient s'éteindre de plein droit le jour où Jacqueline entrerait en religion. Les partages furent signés le 31 décembre 1651. Jacqueline résolut d'entrer à Port-Royal le 4 janvier suivant.

Elle avait vingt-six ans et trois mois. Le 3 janvier au soir elle fit toucher à son frère quelque chose de son départ. Pascal, évitant de la voir, se retira fort triste dans sa chambre. Elle dormit tranquillement, et partit le lendemain matin sans dire adieu à personne, de peur de s'attendrir.

Deux mois après, le 7 mars 1652, la sœur Jacqueline de Sainte-Euphémie écrivit à son frère pour lui annoncer qu'elle allait bientôt prendre l'habit, et le prier de se trouver à la cérémonie. Elle lui demande son consentement avec un mélange de tendresse fidèle et de fermeté inflexible. Elle le supplie de faire en esprit de charité ce qu'il faut qu'il fasse, malgré qu'il en ait. Pascal vint le lendemain, outré, et souffrant d'un violent mal de tête. Il ne tarda pas à se radoucir. Après avoir prié Jacqueline d'attendre deux ans, puis six mois, ébranlé peu à peu par sa fermeté affectueuse, cédant aux raisonnements que lui fit, quelques jours après, M. d'Andilly, frère de la mère Angélique, il finit par dire qu'il aimait autant que ce fût à la Trinité, comme elle le désirait.

La vêture accomplie, Jacqueline, après un an de noviciat, se disposa à faire profession. Elle avisa alors ses frère et sœur qu'elle désirait donner en dot à Port-Royal la part qui lui revenait dans l'héritage paternel. La famille s'offensa de ce dessein. Chacun à part écrivit une lettre de même style, invoquant l'accord intervenu entre eux lors du partage. Ils accusaient Jacqueline de les vouloir déshériter en faveur de personnes étrangères.

Mlle Pascal sentit sa fierté se révolter, à l'idée qu'il lui faudrait donc consentir à être admise gratuitement. Mais à Port-Royal on n'avait égard qu'au bien spirituel. La bonne et tendre Mère Agnès dit à Jacqueline, d'un ton enjoué, qu'il serait vraiment honteux qu'une novice de Port-Royal s'affligeât de la bagatelle d'être reçue pour rien. Le prudent M. Singlin ne songea qu'à éviter tout éclat susceptible d'aigrir et d'éloigner la famille Pascal. La Mère Angélique, gardienne de l'esprit de Saint-Cyran, n'eût pas admis qu'on insistât auprès de la famille. Elle démontrait tranquillement à Jacqueline qu'on ne pouvait attendre d'un homme attaché au monde un mouvement de charité vraie. Or, disait-elle, celui qui a le plus d'intérêt à cette affaire est encore trop du monde, et même dans la vanité et les amusements, pour préférer les aumônes que vous vouliez faire à ses amitiés particulières. Cela ne se pourrait sans miracle, je dis un miracle de nature et d'affection, car il n'y a pas lieu d'attendre un miracle de grâce en une personne comme lui.

Cependant Pascal, étant venu voir Jacqueline, et ayant compris sa douleur, résolut de la contenter, et de signer lui-même une donation à Port-Royal. Les Mères ne se rendirent pas sans difficulté. C'est par l'esprit de Dieu qu'il devait donner : sinon, elles préféraient qu'il ne donnât rien.

> Nous avons appris, Monsieur, de feu M. de Saint-Cyran, déclara la Mère Angélique, à ne rien recevoir pour la maison de Dieu, qui ne vienne de Dieu. Tout ce qui est fait par un autre motif que la charité, n'est point un fruit de l'esprit de Dieu, et par conséquent nous ne devons point le recevoir.

Pascal alors, décidé à se conduire en galant homme, protesta qu'il donnait dans l'esprit que l'on demandait, et l'affaire fut terminée. Avait-il agi par intérêt? Vraisemblablement il avait surtout voulu garder Jacqueline; et il avait trouvé mauvais que, pour un motif qui ne le touchait plus, elle aliénât une part du patrimoine de la famille.

La profession eut lieu le 5 juin 1653. Pascal, écrivant à M. Périer le lendemain de la cérémonie, aima mieux taire les sentiments qu'il y avait éprouvés.

Tandis qu'il se détourne des choses religieuses, il s'intéresse de plus en plus aux choses du monde. Il recherche les plaisirs, sans toutefois s'y livrer d'une façon déréglée. Sa fortune est trop médiocre pour lui permettre de vivre comme les gens de sa condition. Son caractère, surtout, le garantit contre les attaches criminelles. Il s'abandonne à son amour pour la science, il est avide d'occasions d'y avancer. Tout en jouant, il se livre à des observations mathématiques sur le hasard et les probabilités.

Il prend un sentiment très vif de la grandeur des choses intellectuelles. L'autorité souveraine et la science, écrit-il à la reine Christine en lui envoyant sa machine arithmétique, sont entre elles comme le corps est à l'esprit; et d'autant que celui-ci est d'un ordre plus élevé que celui-là, la science dépasse en dignité la puissance de commander. Le pouvoir des rois sur les sujets n'est qu'une image et une figure du pouvoir des esprits sur les esprits.

Bientôt, sollicitée par les circonstances, la réflexion de Pascal se porte à des idées de conséquence plus grave.

Dans un voyage en Poitou qu'il fit avec le duc de Roannez et Méré, vers le mois de juin 1652, il souffrit, semble-t-il, d'être considéré par ses amis comme un simple mathématicien, étranger aux choses de goût et de sentiment. Méré, parlant de lui selon toute apparence, raconte qu'il faisait rire la société par les raisonnements de géomètre qu'il mêlait gauchement à la conversation des beaux-esprits, qu'il s'en aperçut vite et cessa de parler, et que, chose bien remarquable, en fort peu de temps il en vint à ne dire presque rien qui ne fût bon et qu'on n'eût avoué. Depuis ce voyage, ajoute Méré, le grand mathématicien ne songea plus aux mathématiques, et ce fut là comme son abjuration.

Ce langage est d'un fat. Il est certain pourtant que Méré avait des idées intéressantes sur les divers ordres de connaissances, et sur les méthodes qu'il convient d'y appliquer. Dans une lettre qu'il écrivit plus tard à Pascal, il l'avertit, avec sa suffisance, que ces démonstrations mathématiques en qui il a tant de confiance, que cet art de raisonner par les règles, dont les demi-savants font tant de cas, ne s'appliquent légitimement qu'à des fictions, et sont tout à fait incapables de nous faire connaître ce que sont les choses réelles; que, lorsqu'on a l'esprit vif et les yeux fins, on remarque d'abord dans les objets quantité de choses qu'un géomètre n'y verra jamais; qu'il y a ainsi deux méthodes : les démonstrations et le sentiment naturel, celui-ci bien supérieur à celles-là; et qu'il y a deux mondes : le corporel qui tombe sous les sens et sous le calcul, et un autre, invisible et véritablement infini, où résident les convenances, les proportions, les vrais originaux de tout ce que l'on cherche à connaître.

De telles théories ne pouvaient manquer de frapper Pascal. Existait-il donc, dans la nature humaine, quelque faculté plus haute que les sens et le raisonnement? Était-il vrai que la vie de société, en développant en nous les qualités de l'honnête homme, nous dote d'une vivacité et d'une finesse d'esprit particulière, qui nous permet de pénétrer l'intérieur des choses, là où les démonstrations n'en déduisent que les formes abstraites et les rapports extérieurs?

Dans cette disposition d'esprit, Pascal s'abandonna d'autant plus au commerce du monde. Il n'en dédaigna pas les futilités. On a retrouvé dans un château de Fontenay-le-Comte, ville peu éloignée de Poitiers, des vers écrits de sa main au dos de deux tableaux et peut-être composés par lui, dans lesquels il remercie une dame qu'il a sans doute visitée avec ses amis. L'une des strophes est ainsi conçue :

> De ces beaux lieux, jeune et charmante hôtesse,
> Votre crayon m'a tracé le dessin;
> J'aurais voulu suivre de votre main
> La grâce et la délicatesse.
> Mais pourquoi n'ai-je pu, peignant ces dieux dans l'air,
> Pour rendre plus brillante une aimable déesse,
> Lui donner vos traits et votre air?

Dans un séjour en Auvergne qui paraît avoir suivi le voyage au Poitou, à la fin de 1652 et au commencement de 1653, Pascal, selon Fléchier, faisait continuellement sa cour, avec deux autres amants, à une savante, qu'on appelait la Sapho du pays. Cette dame était l'esprit le plus fin et le plus vif qu'il y eût dans la ville. Elle ne pouvait souffrir les compliments vulgaires. Auprès d'elle, Pascal s'exerça à parler avec délicatesse des choses de goût et de sentiment.

Et ce ne furent pas seulement les relations du monde qui éclairèrent, aux yeux de Pascal, la nature humaine d'un nouveau jour; ce furent aussi les livres des philosophes.

La philosophie était alors en grand honneur. Elle n'avait pas un caractère technique et spéculatif, mais s'occupait surtout des questions qui intéressent la conduite de la vie. C'était en grande partie de Montaigne qu'était né ce mouvement des esprits. Le merveilleux écrivain avait extrait des livres des anciens et rendu avec un charme incomparable les plus belles de leurs pensées sur la morale et sur la vie. Il affectait de mépriser la philosophie et la raison humaine, et de recommander l'abandon insouciant à la nature et à la coutume. Mais avec quelle éloquence n'exposait-il pas les nobles doctrines de courage et de grandeur d'âme qu'avaient professées les philosophes stoïques! Aussi ses écrits favorisèrent-ils à la fois le développement d'une race de libertins sceptiques et légers, et la propagation des idées stoïciennes de devoir, d'énergie, et de puissance de la volonté.

Pascal fut initié à l'une et à l'autre philosophie. Il lut surtout Épictète et Montaigne. D'Épictète il étudia le *Manuel*, sans doute dans la traduction très répandue qu'en avait donnée l'éminent magistrat et homme d'église Guillaume du Vair, attaché au stoïcisme. De Montaigne il médita principalement l'*Apologie de Raymond de Sebonde*, cette déconcertante discussion où, sous prétexte de justifier l'emploi des raisons naturelles dans la démonstration de la religion, l'auteur en vient à nous montrer à la fois la nature indifférente en cette affaire, et la raison impuissante, si bien que la religion flotte désormais dans le vide, sans rien qui lui fasse obstacle, sans rien non plus qui la soutienne et la rattache aux réalités. Il lut aussi Charron, le disciple de Montaigne, qui expose que nous n'avons point d'instrument pour aller saisir la vérité dans l'esprit de Dieu où elle loge, et que nous devons renoncer à la connaître, pour chercher la sagesse dans une vie conforme à notre nature imparfaite.

Pascal s'adonne à ces lectures avec une curiosité croissante. Épictète et Montaigne ne le quittent plus : il se pénètre de leur esprit.

Dans le même temps, il aperçoit chez Descartes autre chose que ce qu'il y voyait jadis. Il discerne, à travers les inventions de ce beau génie, le sentiment de l'excellence de la pensée et de l'âme humaine, à laquelle toutes nos sciences se rapportent comme à leur fin; et il se prend d'une estime singulière pour le métaphysicien dont jadis il raillait l'esprit aventureux et entêté d'abstractions.

Ainsi s'ouvrait de plus en plus, devant Pascal, ce monde proprement humain, dont Méré lui avait vanté la profondeur. Le commerce de la société en était l'expression, la philosophie en sondait les principes. Il n'était pas méprisable, pour un homme, de se livrer à l'un et à l'autre, de vivre et de penser en homme. Il y avait une beauté, une excellence dans la convenance des actions avec la nature. Et cette nature était, par elle-même, assez grande, assez puissante, pour conduire l'homme à une perfection qui dépassait singulièrement la perfection des corps, et même celle des esprits bornés aux sciences.

C'est à l'époque où il concevait ainsi la vie humaine, vers 1652-1653, qu'il écrivit ce curieux *Discours sur les passions de l'amour*, que Victor Cousin a trouvé dans un manuscrit des fonds de l'abbaye de Saint- Germain-des-Prés.

Cet opuscule n'est-il qu'un jeu d'esprit, ou une gageure de salon, comme il était de mode d'en faire à cette époque, ou un exercice destiné, dans l'intention de Pascal, à montrer qu'il pouvait réussir ailleurs qu'en mathématiques?

Il se peut qu'il ait été fait sur commande, mais on a peine à ne voir que les inventions d'un bel esprit dans des paroles telles que celles-ci :

Qu'une vie est heureuse quand elle commence par l'amour et qu'elle finit par l'ambition! Si j'avais à en choisir une, je prendrais celle-là... Les grandes âmes ne sont pas celles qui aiment le plus souvent; c'est d'un amour violent que je parle; il faut une inondation pour les ébranler et pour les remplir.

L'auteur d'ailleurs ne semble-t-il pas confesser qu'il puise dans son âme même une bonne partie de ce qu'il dit, lorsqu'il fait cette remarque :

L'on écrit souvent des choses que l'on ne prouve qu'en obligeant tout le monde à faire réflexion sur soi-même et à trouver la vérité dont on parle. C'est en cela que consiste la force des preuves de ce que je dis.

Sans doute le discours, selon le sens qu'avait alors ce mot, est une dissertation. Mais est-ce que les héros de Corneille ne raisonnent pas leurs sentiments? Ne sont-ce pas, selon Descartes et Malebranche, les perceptions de l'entendement qui sont le fonds des inclinations de la volonté?

Peut-on aller plus loin, et se demander si le discours ne trahirait pas un amour déterminé, ressenti par Pascal, si même il ne laisserait pas soupçonner la personne qui en fut l'objet? Il est certain que plusieurs passages font l'effet d'une confidence :

Le plaisir d'aimer sans l'oser dire a ses peines, mais aussi il a ses douceurs. Dans quel transport n'est-on point de former toutes ses actions dans la vue de plaire à une personne que l'on estime infiniment!

On va quelquefois bien au-dessus de sa condition, et l'on sent le feu s'agrandir, quoiqu'on n'ose pas le dire à celle qui l'a causé.

Il est vraisemblable qu'il a aimé, et même qu'il a aimé une personne de condition supérieure à la sienne. Mais il est gratuit de supposer, avec M. Faugère, que cette personne était la sœur du duc de Roannez. Aucun trait ne la désigne dans le *Discours*; et si l'on devait y chercher quelque allusion, il y serait question d'une personne plus âgée que Mlle de Roannez, laquelle avait alors vingt ans à peine.

Le *Discours sur les passions de l'amour* est une œuvre philosophique et humaine, telle que Pascal n'en avait pas encore composé. Nous l'avons vu réfléchir sur la méthode et la portée de la science, objet de l'esprit humain. Maintenant c'est l'âme même dont il développe les replis. Il va l'explorer, à la manière de Descartes, de Montaigne, en s'inspirant de ces habiles scrutateurs de l'homme, mais surtout en regardant en lui-même et autour de lui. Et le résultat de ses observations est une véritable théorie philosophique.

Quelle est notre destination en ce monde? C'est d'aimer.

En effet, d'une part notre essence est la pensée, d'autre part, la pensée pure nous fatigue, parce qu'elle est immobile, et que nous sommes ainsi faits qu'il nous faut du remuement. Donc ce qui convient proprement à notre nature, c'est la passion, laquelle n'est autre chose que la pensée affectée de mobilité.

Les passions les plus propres à remplir le cœur de l'homme sont l'amour et l'ambition. Mais l'amour est la passion par excellence. Car il joint la plus grande part de raison au plus haut degré d'intensité. On a mal à propos opposé la raison à l'amour : ils ne sont qu'une même chose. L'amour est une précipitation de pensée qui se porte d'un côté sans bien examiner tout, mais c'est toujours une pensée. S'il était aveugle, nous serions des machines très désagréables. En même temps l'amour comporte une puissance en quelque sorte infinie. La grandeur des passions dépend de la perfection de l'esprit. Or, l'homme est capable de deux sortes d'esprit, qu'on peut appeler l'esprit géométrique et l'esprit de finesse. Le premier déduit avec méthode les multiples conséquences d'un principe unique, le second embrasse d'une vue mille détails. Quand on possède à la fois l'esprit géométrique et l'esprit de finesse, la logique et le jugement, la force et la flexibilité, que l'amour donne de plaisir! Certes l'amour est mobile, puisqu'il est une passion. Il faut quelquefois ne pas savoir qu'on aime : c'est une misérable suite de notre nature humaine. Mais on n'est pas infidèle pour cela : on prend des forces pour mieux aimer. Le rythme est l'artifice qu'emploie la nature pour se dépasser.

Ce que démontre le raisonnement, l'expérience le confirme. Nous naissons visiblement avec un caractère d'amour dans nos cœurs : cette impression se développe à mesure que l'esprit se perfectionne, et nous porte à aimer ce qui nous paraît beau, sans que jamais on nous ait dit ce que c'est.

Qui doute après cela si nous sommes en ce monde pour autre chose que pour aimer?

Quel est, maintenant, l'objet de l'amour? La méthode à suivre pour résoudre cette question consiste à chercher un objet digne de l'âme humaine, un objet qui ne la déshonore pas.

Il semblerait que, pour se contenter, l'homme n'eût qu'à s'aimer lui-même. Mais il ne peut souffrir de demeurer avec soi. Il sort donc de soi, et cherche ensuite à remplir le grand vide qui se fait ainsi dans son cœur. Ce qu'il cherche ainsi, c'est la beauté. Mais comme il est lui-même la plus belle créature que Dieu ait formée, c'est dans un être, humain comme lui, différent de lui, qu'il trouvera de quoi satisfaire son besoin d'aimer. La différence du sexe réalise cette condition. Et comme l'amour ne consiste, au fond, que dans un attachement de pensée, de raison, il est certain qu'il doit être le même par toute la terre.

Si telle est l'essence de l'amour, et si tel est son objet propre, il a sa logique spéciale, qui diffère de la logique de la pensée pure. Voici quelques exemples de ces raisons du cœur, qui déconcertent la raison.

Un plaisir faux en vaut un vrai, il peut remplir également l'esprit. En effet, tandis qu'il existe, nous sommes persuadés qu'il est vrai.

A mesure que l'on a plus d'esprit, l'on trouve plus de beautés originales. Mais il ne faut pas être amoureux. Quand on aime on n'en trouve qu'une.

Il semble que l'on ait une autre âme quand on aime que quand on n'aime pas. On devient toute grandeur : la passion élève tout à sa hauteur.

Telles sont les découvertes que fait Pascal dans ce monde spécial des choses humaines, dont Méré se vante de lui avoir révélé l'existence. Bien que le discours sur les passions de l'amour ne soit qu'un essai de quelques pages, il nous montre Pascal dépassant tout de suite singulièrement son prétendu maître. Là où Méré ne savait voir que ces agréables dehors de l'homme qu'on nomme l'esprit et l'honnêteté, Pascal, allant droit au fond de la nature humaine, y trouve la passion, comme un mouvement incessant, par où cherche à se satisfaire un être fait pour la pensée stable, et incapable de la supporter.

Il faut à l'amour de l'homme un objet proportionné à sa grandeur. La nature semble le lui offrir. Mais est-il bien sûr que, même dans ce qu'elle renferme de plus parfait, elle suffise à remplir la capacité du cœur humain? Cette question, que certaines lignes semblent faire pressentir, Pascal, en fait, ne se la pose pas encore : il est comme enchanté du spectacle nouveau qui frappe son regard, et il s'y complaît.

C'est dans ce même esprit d'estime pour les facultés de l'homme qu'il cultive les sciences à cette époque. Méré se vante de l'avoir désabusé de l'excellence des mathématiques. Or les mathématiques l'occupent plus que jamais. Plus encore que la physique, en effet, elles manifestent la puissance de la pensée. On peut n'attacher qu'un prix médiocre à leurs résultats : elles sont utiles et admirables par la vigueur qu'elles communiquent à l'intelligence. Pascal n'accorde nullement à Méré que l'esprit de finesse dispense de l'esprit géométrique. C'est dans l'union de ces deux qualités qu'il voit la perfection de l'intelligence.

Les années de 1653-1654 sont celles de ses principales découvertes mathématiques.

Il écrivit alors le *Traité du triangle arithmétique* et le *Traité des ordres numériques*, qui furent publiés en 1665, et plusieurs opuscules qu'il adressa *A la très célèbre Académie parisienne des sciences*, c'est-à-dire à la société de savants qui s'assemblait chez le P. Mersenne. Il entretint de plus, sur la théorie des probabilités, une importante correspondance avec Fermat, qui habitait Toulouse.

C'est à l'occasion de divers problèmes relatifs au jeu, que Pascal, méditant sur les combinaisons, inventa son triangle arithmétique. Par de simples additions il forme des rangées de nombres qu'il dispose en triangle, et qui, grâce à cette disposition, enveloppent les conséquences de formules compliquées, et donnent la clef d'un grand nombre de problèmes ressortissant aux permutations et aux combinaisons.

Dans un ingénieux essai sur les travaux mathématiques de Pascal, M. Delègue a expliqué, en 1869, comment ce traité contient tous les éléments d'une démonstration complète et très élégante de la formule du binôme de Newton.

Ce n'est pas tout : le *Traité de la sommation des puissances numériques*, qui fait suite au traité du triangle arithmétique, renferme, comme le montre encore M. Delègue, antérieurement à l'*Arithmetica infinitorum* de Wallis, qui n'est que de 1655, les éléments du calcul différentiel et intégral. Dépassant le point de vue géométrique, Pascal considère les grandeurs algébriquement. Ses propositions s'appliquent à toute grandeur continue, quelles qu'en soient les dimensions ou les puissances.

Pascal employa aussi son triangle arithmétique pour la solution de questions relatives à la théorie des probabilités ou règles des partis. Le problème général était le suivant. Deux joueurs considérés comme également habiles rompent le jeu avant la fin. En ce cas, le règlement de ce qui doit leur appartenir doit être tellement proportionné à ce qu'ils avaient droit d'espérer de la fortune, que chacun d'eux trouve entièrement égal de prendre ce qu'on lui assigne, ou de continuer l'aventure du jeu : et cette juste distribution s'appelle le parti. Pascal et Fermat échangent leurs découvertes, et Pascal s'émerveille de l'identité des résultats auxquels ils arrivent, alors que chacun médite de son côté. Il est persuadé que le vrai moyen pour lui de ne point faillir est de se trouver d'accord avec M. Fermat. C'est ainsi que ces deux grands hommes créèrent simultanément la théorie des probabilités.

Pascal est loin maintenant de cet état de fluctuation qui avait suivi sa conversion aux idées de Jansénius. Il a retrouvé l'équilibre et l'accord avec lui-même. Mais il n'est pas pour cela revenu au système de compromis entre le monde et Dieu, que lui avait enseigné son père. L'homme naturel, tel qu'il se dévoile à l'observateur, sa pensée, son cœur, sa vie, ont maintenant à ses yeux une dignité, une richesse, une beauté qu'il ne soupçonnait pas. L'homme est maintenant, pour lui, un principe et une fin. Accomplir les actions propres à réaliser, sous sa forme parfaite, la nature humaine, s'élever ainsi infiniment au-dessus des choses matérielles qui nous entourent, créer en nous, par la grandeur de nos passions et la profondeur de notre science, une image de la pensée pure et de la science absolue qui nous dépassent invinciblement, telle est son ambition, telle est l'occupation à laquelle il demandera les joies nobles et intenses dont il est avide. Le monde le possède. En 1653, il songe à prendre une charge et à se marier.

CHAPITRE IV

CONVERSION DÉFINITIVE

A l'heure même où Pascal se reposait dans l'amour du monde et de la science, dans la contemplation de cette nature humaine dont la vie de société et la philosophie lui avaient révélé la grandeur; à l'heure où son génie partout admiré, où son esprit, fêté des honnêtes gens, lui assuraient la gloire et le bonheur que poursuivait son âme ardente, vers la fin de l'année 1653, comme il venait d'avoir trente ans, il fut frappé d'une lumière extraordinaire qui lui fit considérer les choses et lui-même d'une façon entièrement nouvelle. Il lui sembla que tous les biens dont il s'était enchanté flottaient maintenant, comme des atomes imperceptibles, dans la capacité infinie de son cœur. Il se demanda si les occupations auxquelles il se livrait, les joies où il se complaisait étaient réellement dignes de lui, dignes de l'âme humaine. Il eut le sentiment d'une disproportion immense entre sa condition et sa destinée.

Pareillement, les livres qu'il avait jugés les plus

solides, ceux qui lui avaient donné la plus haute idée de la raison et de la volonté de l'homme, faisaient maintenant sur lui une impression toute différente. Il trouvait qu'avec toute leur science et toute leur habileté, les plus grands philosophes n'arrivaient pas à fournir, sur les choses qui nous touchent le plus, une seule démonstration qui fût véritable. Bien plus, ils se combattaient entre eux, sans qu'il y eût de bonne raison pour donner l'avantage à l'un plutôt qu'à l'autre. Là encore, Pascal voyait éclater une disproportion entre le besoin de notre âme et les satisfactions que le monde nous offre.

En vain travaillait-il à se mieux pénétrer des raisons qui prouvent la grandeur des choses humaines. Plus il considérait ces objets, plus, sous son regard, ils s'avilissaient. Qu'étaient nos plaisirs, nos travaux, notre science, notre gloire? Tout cela ne demeurait-il pas invinciblement borné, mélangé d'ombres et de misères; et, pour qui conçoit la perfection véritable, y a-t-il une différence effective entre le plus et le moins imparfait? D'ailleurs, si éminente que l'on suppose une condition humaine, la mort n'en est-elle pas le terme fatal; et ce qui doit finir peut-il être grand? Quelle ironie que cette doctrine stoïque, qui veut que nous nous fassions saints et compagnons de Dieu! Comme si un être changeant, incertain, périssable, pouvait approcher de l'éternité divine! Combien Montaigne n'a-t-il pas mieux connu l'homme, lui qui nous le représente ondoyant et divers, toujours flottant et chancelant, sans point d'appui pour ses croyances et pour sa conduite, réduit à se régler sur la coutume, ou sur sa nature, qui n'est sans doute elle-même qu'une plus vieille coutume?

Quelle chose misérable que l'homme, et se peut-il qu'il mette en soi sa complaisance!

En même temps que naissent dans l'esprit de Pascal ces pensées nouvelles, un changement analogue se produit dans les mouvements de son cœur. Il ne trouve plus que des sujets de trouble et d'inquiétude dans les choses qui faisaient ses délices. Le contentement, la paix désertent son âme; un scrupule continuel combat la jouissance que lui apportent les biens de ce monde réputés les plus purs. De tout ce qu'il aimait la douceur n'est plus qu'amertume, le charme s'est changé en crainte et en remords. Un mal inconnu travaille cette âme qui naguère s'épanouissait en s'ouvrant avec confiance à toutes les joies humaines.

D'où vient cette lumière étrange qui, obscurcissant tout d'un coup, aux yeux de Pascal, les plus brillants objets, a changé en dégoût l'amour qu'ils lui inspiraient?

Cette lumière ne vient pas de l'homme. Comment un même être pourrait-il, dans le même temps, se poser et se détruire, réunir deux manières d'être contradictoires? Donc elle vient d'un monde autre que le nôtre : elle vient de ce Dieu, devant qui, selon la religion, tout notre être n'est que vanité, misère et corruption. Mais que vaut la croyance à la réalité de ce monde surnaturel?

Pascal, en face de cette question, n'est plus dans la disposition où il était lors de sa conversion première. Alors il vivait surtout par l'intelligence, et son âme elle-même était en quelque sorte indifférente. Il pouvait recevoir également les principes de la religion et ceux de la science, si les uns et les autres lui apparaissaient comme justifiés par des raisonnements exacts. Mais maintenant il a pris conscience des tendances et des besoins intimes qui constituent proprement la nature humaine. Son cœur est attaché aux biens qui répondent directement à ces tendances. Malgré qu'il en ait, un parallèle s'établit dans son esprit entre ces réalités, imparfaites sans doute mais palpables, et des objets dont toute la sublimité rachète mal le caractère d'abstraction et d'incertitude.

Pascal, en cette année 1654, était tout occupé de la règle des partis, sur laquelle il correspondait avec Fermat. Il appliqua à la question de l'existence de Dieu les considérations qu'il employait dans cette branche des mathématiques.

Dieu est, ou Dieu n'est pas. La raison n'y peut rien déterminer. Il ne me reste qu'à évaluer les chances pour et les chances contre. C'est un jeu où il arrivera croix ou pile. Que parierai-je?

Mais faut-il parier? Quelle nécessité y a-t-il de courir cette étrange aventure? Ne puis-je écarter de moi ce problème, dont la solution, quelle qu'elle soit, me laissera mécontent et troublé? — Je ne le puis. Chacune de mes actions, chaque mouvement de ma volonté implique une certaine solution de ce problème unique. Il n'en est pas de l'existence de Dieu comme des questions scientifiques, qui ne me touchent point. Il est trop clair que je dois agir autrement, si Dieu est ou si Dieu n'est pas. Donc il faut parier. Cela n'est pas volontaire. Nous sommes embarqués. Examinons les conditions du pari.

En ce jeu, comme en tout jeu, il y a deux choses à considérer : le degré de la probabilité et la grandeur du risque. La question de l'existence de Dieu dépassant infiniment la raison, la probabilité est la même dans le sens affirmatif et dans le sens négatif. Cette condition s'élimine donc. Reste le risque. D'un côté, c'est le fini à hasarder, de l'autre c'est l'infini à gagner. Or, si grand que soit le fini, il s'évanouit devant l'infini. Donc, en réalité, il s'agit de hasarder un infiniment petit pour gagner un infiniment grand. Dès lors, c'est évidemment pour l'existence de Dieu qu'il faut parier. Le raisonnement est démonstratif. Si je suis capable de quelque vérité, c'en est une.

C'est ainsi que Pascal arrive, par sa raison, à se convaincre qu'il doit tenir pour réelle la lumière surnaturelle qui lui est apparue. Sans doute la preuve qu'il a découverte est tout indirecte et négative. Mais en quoi se trouve-t-elle infirmée par là? Le mathématicien peut-il prouver directement qu'il y a un infini? Pourtant il raisonne sur l'infini avec assurance. Il sait qu'il est faux que la série des nombres soit finie. De la fausseté de cette proposition il conclut avec certitude à la vérité de la contradictoire. En mainte occasion, nous sommes sûrs sans comprendre. C'est de cette même manière que je sais que Dieu est.

Et Pascal serait déjà reconquis à la foi, si la raison et la volonté y suffisaient. Car il voit clairement qu'il doit croire, et sa volonté se porte naturellement vers ce que son entendement lui représente comme vrai.

C'est à ce moment pourtant qu'il sent dans toute sa force la difficulté qu'il y a pour lui à croire. Sa raison le porte à croire, et néanmoins il ne le peut. Il sent en lui une résistance invincible. Il sait sa maladie, et il refuse la guérison ; il comprend qu'il est perdu, et il tend les mains à l'abîme.

Il ne se doutait pas de la puissance du lien qui l'attachait au monde : il la connaît maintenant. Il avait cru ne faire que se prêter, sur la foi des beaux-esprits et des philosophes, qui lui représentaient l'homme comme maître de soi : il s'aperçoit qu'en réalité il s'est donné tout entier, il s'est aliéné. L'obstacle n'était donc pas dans sa raison, comme il l'avait supposé, mais dans son cœur, dans son moi, dans sa nature la plus intime. Or comment descendre en ces profondeurs? Comment agir sur ce qui produit l'action? Comment être ce qu'on n'est pas, et ne pas être ce qu'on est?

Pour produire un tel effet, c'est peu que le Dieu des philosophes, auquel sa raison, sans doute, pourrait le conduire. Que vaut une idée, une abstraction, un signe algébrique, pour lutter contre des forces vivantes et indociles, pour créer l'être, la volonté et l'action? Quelle différence entre ce terme logique, et le Dieu d'Abraham, de Jacob et de Jésus-Christ, créateur, père et juge, dont les saints ont joui, et en qui les justes veulent et agissent! Mais comment aller à lui? Comment, dans un cœur révolté, un mouvement d'amour vrai pourrait-il naître? De quelle foi sincère et efficace est capable un être qui prétend se suffire?

Pascal comprend maintenant d'où venait cette

lumière qui a porté le trouble dans son âme. C'était l'appel du Dieu vivant. Il a fallu que Dieu le cherchât pour qu'il en vînt à désirer Dieu. De lui-même, il n'y eût songé. Ce que Dieu a commencé, lui seul peut l'accomplir. Le fera-t-il? Tout le pouvoir de l'homme ne va qu'à dire : Seigneur, cherchez votre serviteur! Nos plus grands efforts pour aller à Dieu sont vains, si Dieu ne s'en mêle. Et Pascal, observant avec anxiété ce qui se passait en lui, se sentait dans un tel abandonnement du côté de Dieu, qu'il n'osait espérer sa conversion. Plus il la désirait, plus elle fuyait devant lui. Il n'éprouvait aucun attrait. D'autre part, il était maintenant dégoûté du monde et de ses joies. Il était donc suspendu dans le vide, entre le monde que son pied repoussait, et Dieu qui ne le prenait pas. Il ne savait quelle voie tenter, et il cherchait en gémissant.

Longtemps il souffrit en secret. Cependant il rendait de temps en temps visite à sa sœur Jacqueline, pour laquelle il avait toujours une tendre affection. Celle-ci s'affligeait de voir de plus en plus enfoncé dans le monde celui qui l'en avait tirée elle-même; et elle lui parlait avec autant de douceur que de force de la nécessité de changer de vie. Or, Pascal l'étant allé voir vers la fin de septembre 1654, il prit le parti de s'ouvrir à elle de son état. Il lui avoua qu'au milieu de ses occupations, qui étaient nombreuses, et parmi toutes les choses qui pouvaient contribuer à lui faire aimer le monde, il sentait une telle aversion pour tous ces objets auxquels son cœur était attaché, il éprouvait de tels tourments de conscience, qu'il souhaitait fortement de quitter tout cela. Et certes il eût depuis longtemps mis son dessein à exécution, tant il s'y portait avec ardeur, si Dieu lui avait fait les mêmes grâces qu'autrefois et donné les mêmes mouvements vers lui. Mais Dieu l'abandonnait à sa faiblesse.

Jacqueline fut aussi surprise que joyeuse de cette confession, et elle en conçut des espérances qu'elle n'osait plus former. Elle fit part de cet événement à Mme Périer. Elle en informa aussi quelques personnes de Port-Royal, qui, comme elle, avaient les yeux sur l'enfant prodigue. Port-Royal avait de graves raisons de s'intéresser à cette affaire. Les idées de Jansénius, auxquelles il était attaché, étaient violemment combattues. En janvier 1653, les jésuites avaient publié l'*Almanach de la déroute et de la confusion des Jansénistes*. Et, le 31 mai de la même année, le pape Innocent X avait condamné les cinq propositions extraites de Jansénius. Quel témoignage ce serait de la vérité, que la conversion d'un philosophe dont la réputation était si répandue! Encouragée et conseillée par les pieux chrétiens de Port-Royal, Jacqueline fit tout ce qui était en elle pour seconder son frère dans ses efforts. Celui-ci la visita de plus en plus fréquemment; et bientôt elle fut frappée de voir qu'elle n'avait qu'à le suivre, sans user d'aucune sorte de persuasion. L'œuvre de la grâce se faisait en lui.

Pascal s'était rendu compte, et de son état, et du chemin qu'il devait suivre pour parvenir à son but.

La raison le portait à croire, et néanmoins il ne le pouvait. L'obstacle était dans son cœur, qui refusait d'obéir à sa raison. Donc c'était ce cœur qu'il fallait changer. Où réside la foi véritable, sinon dans le cœur? Les idées de l'entendement ne sont pas la foi : elles n'ont, par elles-mêmes, ni force, ni lumière. L'entendement s'applique, indifférent, à tel objet qui se présente, ou qu'il nous plaît de considérer. La foi, au contraire, est l'impression profonde et efficace de la lumière sur le principe même de notre intelligence et de notre volonté.

Or en quoi consiste proprement ce cœur rebelle, cette nature qui me sépare de Dieu? Ma nature n'est, au fond, qu'une coutume. Les pyrrhoniens le savent, eux qui, d'un œil sincère, consentent à voir les choses telles qu'elles sont. Mais, s'il en est ainsi, ma nature est modifiable. La même cause qui lui a donné naissance peut en changer la manière d'être. Et ainsi le moyen de faire descendre la foi de la raison dans le cœur, c'est de faire comme si l'on croyait, de prendre de l'eau bénite, d'entendre des messes, de dire des prières; en un mot, c'est de ployer la machine. Naturellement même, ces actions provoqueront dans mon cœur la foi dont elles sont le signe. A mesure que diminueront mes passions, les vains sophismes qu'elles engendrent dans mon intelligence se dissiperont, et la lumière m'apparaîtra. — Mais croire ainsi n'est-il pas s'abêtir? — Que m'importe? Notre sagesse est-elle donc si précieuse? Est-ce perdre quelque chose, que de rejeter la fausse science des philosophes? Un cœur d'enfant voit plus loin qu'eux. Ce n'est pas renoncer à la vraie sagesse que de mépriser celle du monde. Plus forte, au contraire, plus droite et plus haute est l'intelligence, qui, dédaignant de recevoir ses principes des passions, les demande à Dieu.

Mais peut-être tous les efforts que je pourrai faire seront-ils vains? Ne m'a-t-on pas appris, n'éprouvé-je pas en moi-même que je ne peux rien pour ma conversion, si Dieu ne l'opère? Certes; et je ne puis songer à forcer, par mes actes propres, moi créature finie et déchue, l'intervention du Dieu infini et très saint. Mais il ne m'appartient pas de raisonner sur les intentions de Dieu. J'ignore ses voies. Je ne sais qu'une chose, c'est que c'est à moi de commencer, et que le commencement consiste à quitter les plaisirs et à prier.

Telle fut la méthode que se traça Pascal : il la suivit avec un zèle croissant. Il combattit en lui-même, de cette manière, les impulsions de la nature rebelle, particulièrement la confiance en soi, le désir d'être dans l'estime et la mémoire des hommes, en un mot l'orgueil, cette concupiscence, la plus trompeuse et la plus redoutable de toutes, parce qu'elle se nourrit des victoires que nous remportons sur toutes les autres, et qu'elle vit encore, au moment où nous triomphons de l'avoir surmontée. Lutte riche en souffrances, mais en souffrances actives et fécondes. Ce n'était plus l'angoisse de l'abandon et de l'impuissance, c'était l'impression de la nature qui résistait. Or, si elle résistait, c'est qu'elle était attaquée par la grâce; si elle saignait, c'est que la grâce était la plus forte. Pascal mesurait désormais ses progrès à ses souffrances. Et celles-ci, peu à peu, étaient à ce point mêlées de consolations qu'elles devenaient presque des joies.

Ainsi l'espoir de Pascal n'avait pas été trompé. L'effort qu'il avait fait pour créer en lui, par l'action et les œuvres, une coutume nouvelle, et réduire en quelque sorte du dehors ce cœur qui se refusait à obéir de lui-même, s'était révélé comme l'image du travail que la grâce opérait dans son intérieur. Il avait cru commencer, mais c'est Dieu qui, en réalité, était venu le chercher, et qui, de plus en plus sensiblement, l'attirait à lui.

Et il découvrait que la pire conséquence du péché, c'est de nous aveugler sur notre état. A la différence du prisonnier, qui sait qu'il est en prison, nous n'apercevons nos liens que dans l'instant où ils se brisent. C'est le pardon qui nous révèle nos péchés, c'est la vraie lumière et la vraie joie qui font éclater le néant de notre science et de nos plaisirs. Plus grand est notre dénûment, moins nous avons le sentiment de ce qui nous manque. Nous aimons notre servitude, et nous employons toutes nos forces à y persévérer. Mais, à peine sommes-nous délivrés, que nous ne pouvons plus comprendre notre insouciance passée. Que l'homme donc ne s'attarde point avec complaisance au point de perfection où, d'aventure, il lui a été donné d'arriver. Combien ce degré serait bas à ses propres yeux, s'il pouvait le considérer du terme suprême où il doit prétendre !

Jusqu'ici Pascal a employé successivement, pour parvenir à la foi, la raison et la coutume. Certes, il a senti qu'un changement s'opérait en lui. Non content de mépriser le monde, il commence à aimer Dieu. Pourtant, en fait, il ne se décide pas à quitter le monde. Il allègue maint prétexte; il invoque, entre autres raisons, sa santé, très mauvaise en effet, qui, dit-il, lui interdit les austérités de la vie dévote. De plus, quoiqu'il sente bien qu'il lui faut un directeur, il élève des difficultés, quand il s'agit de le choisir : un reste d'esprit d'indépendance proteste en lui. Il n'est pas encore entièrement conquis à Dieu, et il semble que quelque mouvement intérieur, d'une autre nature que ceux qu'il a éprouvés jusqu'ici, soit nécessaire pour accomplir véritablement sa conversion.

Tandis qu'il était encore dans cet état d'incertitude, il arriva que, pendant une visite qu'il faisait à sa sœur à Port-Royal-des-Champs, le sermon vint à sonner. C'était, vraisemblablement, comme l'a vu M. Delègue, le jour de la Présentation de Notre-Dame, 21 novembre. Jacqueline quitta son frère; et lui, de son côté, entra dans l'église pour entendre le sermon. Il trouva le prédicateur en chaire; c'était M. Singlin. Le sermon, analogue à ceux qui étaient prêchés d'ordinaire au jour de la Présentation, où l'on fête la consécration de la Vierge au Seigneur, roula sur le commencement de la vie des chrétiens, et sur l'importance qu'il y avait à ne point s'engager au hasard, comme font les gens du monde, par l'habitude, par la coutume, et par des raisons de bienséance tout humaines, dans des charges et dans des mariages. Le prédicateur exposa comment il fallait consulter Dieu avant d'entrer dans ces conditions, et bien examiner si l'on y pourrait faire son salut sans empêchements. En entendant ces paroles, Pascal fut surpris du rapport qu'elles avaient à sa situation. Il lui sembla que, par une conduite spéciale de la Providence, tout cela avait été dit exprès pour lui, et il en fut touché d'autant plus vivement que le prédicateur parla avec beaucoup de véhémence et de solidité.

Désormais la question était précise. Pouvait-il, en conservant quelque attache au monde, remplir l'idée de la vie chrétienne? Une renonciation partielle suffisait-elle? N'était-ce pas, littéralement, toutes ses forces, toutes ses pensées, tout son être, que Dieu lui demandait? Un tel sacrifice était-il possible? Se renoncer entièrement soi-même, n'était-ce pas une chose inconcevable et contradictoire? Et il répétait : Mon Dieu, cherchez votre serviteur! Il désirait avec une ardeur si vive, qu'il ne pouvait croire que Dieu ne fût pas proche. Un tel effort ne pouvait venir que de Dieu même.

Or, deux jours après qu'il avait entendu le sermon de M. Singlin, le lundi 23 novembre 1654, il eut une sorte de ravissement, dans lequel il vit et sentit la présence de Dieu. Depuis environ dix heures et demie du soir jusque vers minuit et demie, il fut comme illuminé par un feu surnaturel. Ce que cette révélation lui communiqua, ce fut avant tout une connaissance. Il vit avec une clarté nouvelle que le Dieu qui instruit et qui sauve, le Dieu que cherche l'âme humaine, ce n'est pas le symbole des philosophes et des savants : c'est le Dieu vivant, réel, communicable, le Dieu d'Abraham, d'Isaac et de Jacob. Ce Dieu est trop grand et trop saint pour que nous puissions nous unir à lui. Sommes-nous donc condamnés à le désirer éternellement? La clef de notre destinée est près de nous, et nous ne savons pas la saisir. Toute notre impuissance ne vient que d'un point : nous n'acceptons pas le secours qui nous est offert. Celui par qui nous pouvons arriver à Dieu, nous qui en sommes séparés par l'infini, c'est Jésus-Christ. Il est la voie et la voie unique. Ceci est la révélation par excellence, celle qui donne à toutes les autres leur sens et leur effet. Dieu de Jésus-Christ : mon Seigneur et mon Dieu!

Devant cette vérité, plus de place pour le doute, plus de preuves à demander. Certitude, certitude! La certitude du sentiment et du cœur, celle qui est immédiate et absolue; celle qui vient de la vue, et non du raisonnement. Joie, paix. L'âme enfin en possession de cet objet, vraiment digne d'elle, qu'elle cherchait à travers tous ses attachements! Grandeur de l'âme humaine. Ce n'est plus une chimère. Dieu, en y rentrant, y restaure l'harmonie. Joie, joie, joie, pleurs de joie!

C'est maintenant seulement, mon Dieu, qu'éclairé par vous, je mesure l'abîme qui me séparait de vous. Je me suis séparé de Jésus-Christ, je l'ai fui, renoncé, crucifié. Quelle assurance puis-je avoir que Dieu désormais reste avec moi? Mon Dieu, me quitterez-vous? Que je n'en sois pas séparé éternellement!

Et dans des alternatives de délices et de terreur, Pascal sentait ses résistances s'atténuer de plus en plus, l'amour de Dieu refouler et remplacer dans son cœur l'amour de la créature, l'œuvre de régénération s'accomplir au fond de son être. Chaque retour de la souffrance était le signal d'une victoire nouvelle; et chaque progrès de l'action réparatrice, en travaillant un mal ignoré, provoquait une nouvelle souffrance. La joie, cependant, l'emportait de plus en plus, et la douleur même se faisait joyeuse; jusqu'à ce qu'enfin, la dernière résistance étant tombée, l'âme s'étant définitivement donnée toute, sans nul esprit de retour, Pascal, en un moment indivisible qui n'appartenait plus au temps, mais à l'éternité, sentit du même coup, dans une unité vivante que n'eût pu concevoir son intelligence, son propre anéantissement, la présence en lui du Dieu d'amour et de miséricorde, et cette inondation infinie de passion, seule capable de remplir la capacité d'une âme humaine, que naguère il avait rêvée. Renonciation totale et douce! Éternellement en joie pour un jour d'exercice sur la terre!

Il comprit alors quel était, au-dessus de la raison et de la coutume, ce troisième moyen de croire, dont il avait confusément senti le besoin. Ce moyen suprême est l'inspiration. La raison et la coutume, qui mettent en jeu l'activité naturelle, exposent l'homme à s'imaginer qu'il se donne lui-même la foi qu'il reçoit en effet. Mais l'homme ne croit véritablement que quand il rapporte entièrement sa foi à la seule source d'où elle puisse venir, au libre don de la miséricorde et de la bonté divine. L'inspiration est cette action propre de Dieu, que l'homme ne peut plus confondre avec la sienne. Non qu'il doive l'attendre dans une attitude passive et nonchalante, comme la faveur d'un maître capricieux. Mais toute son action doit consister à s'offrir par les humiliations aux inspirations, seules capables de faire le vrai et salutaire effet.

Ayant ainsi gravi les trois degrés qui nous élèvent à Dieu, Pascal n'a garde de s'imaginer qu'il n'ait plus désormais qu'à jouir de lui, et à goûter la récompense en se dispensant du labeur. La grâce n'opère que chez celui qui travaille et agit de toutes ses forces. Ce sont ces efforts mêmes, et non une quiétude paresseuse, qui en sont le fruit et la manifestation. Aussi donne-t-il au mystère qui vient de s'accomplir en lui une conclusion pratique. Soumission totale à Jésus-Christ et à mon directeur. *Non obliviscar sermones tuos. Amen.*

Pour conserver un monument des pensées que Dieu lui avait inspirées dans cette nuit décisive, il se hâta de les jeter sur le papier. L'écriture précipitée, illisible, dit assez que sa main ne peut suivre le mouvement de son cœur. Il lui suffit d'ailleurs de brèves indications. Il sait maintenant le sens profond et utile des mots qu'il répétait jadis des lèvres, sans en saisir que le sens profane. Ainsi le seul nom de Jésus-Christ, qu'il écrit plusieurs fois sans commentaire, représente, à ses yeux, la méthode même du salut. Jésus-Christ est le véritable Dieu de l'homme. Quelque temps après, Pascal recopia ces lignes sur un parchemin, en les écrivant avec grand soin et en beaux caractères. Ce lui fut un mémorial qu'il eut toujours avec soi, prenant soin de le coudre et découdre, à mesure qu'il changeait d'habit. Il savait, par expérience, qu'une conversion, pour sincère qu'elle soit, n'est pas sûrement définitive, que persévérer est beaucoup plus difficile que commencer. C'est dans la persévérance que se manifeste décidément la vie surnaturelle; car de se surpasser dans un effort momentané, l'homme, par lui-même, n'est pas incapable. Il était donc bien résolu à garder avec un soin jaloux la grâce que Dieu lui avait dispensée dans ces instants trop courts; et, pour s'assurer contre la négligence, il voulait avoir toujours présent à son esprit et à ses yeux le témoignage de la miséricorde divine.

D'ailleurs, le travail de réformation totale qui désormais s'imposait à lui, n'était, pensait-il, que commencé. La source était purifiée. Mais l'homme naturel demeurait, avec son endurcissement et son impénétrabilité. Il s'agissait de faire couler dans toutes les parties de son être les eaux régénératrices. Il s'agissait, non plus seulement de concevoir et d'embrasser, mais de réaliser pleinement, dans ses actes, ses désirs et ses habitudes, l'idée de la vie chrétienne. Pascal s'y appliqua sans retard. La direction spirituelle qu'un reste d'orgueil lui avait quelque temps fait juger inutile, il la réclama; et il demanda, pour cet objet, la personne à qui, visiblement, la Providence l'adressait, M. Singlin. Celui-ci, retenu à la campagne par ses infirmités, mit d'abord Pascal sous la conduite de sa sœur. Mais quelque temps après, il déchargea celle-ci de cette dignité, et prit lui-même en main la direction du pénitent. Il jugea qu'à Paris Pascal était trop distrait par ses relations, notamment par l'intimité de son bon ami le duc de Roannez; et il l'engagea à se retirer dans un endroit désert. Pascal partit le 7 janvier 1655, avec le duc de Luynes, pour aller dans une de ses maisons. Puis, n'étant pas assez seul à son gré, il demanda une cellule à Port-Royal-des-Champs. En janvier 1655, à l'âge de trente-deux ans, il prenait place auprès des solitaires.

CHAPITRE V

PASCAL A PORT-ROYAL

L'abbaye de Port-Royal, abbaye de femmes, située près de Chevreuse à quelques lieues de Versailles, était l'une des plus anciennes de l'ordre de Cîteaux. Elle avait été fondée au commencement du XIIIe siècle, sur la terre de Porrois, d'où le nom de Port-Réal, dans une vallée sauvage et marécageuse. Elle était soumise à la règle de saint Benoît. Il en fut de ce monastère comme de toutes les maisons religieuses : le relâchement s'y introduisit, l'esprit du siècle en bannit peu à peu toute régularité. Au commencement du XVIIe siècle, Port-Royal comptait douze religieuses, masquées et gantées, et l'abbesse était une petite fille de onze ans. Cette enfant s'appelait Angélique Arnauld. En 1608, âgée de seize ans, elle entendit le sermon d'un moine libertin qui passait par hasard, et qui prêcha sur le bonheur de la vie religieuse et la sainteté de la règle de saint Benoît. Par l'intermédiaire de ce moine, Dieu la toucha, et elle résolut de réformer son abbaye. Elle s'imposa et fit accepter à ses filles la mise en commun des biens, le jeûne, l'abstinence de viandes, le silence, la veille de nuit, la mortification, toutes les austérités de la règle de saint Benoît. Elle plaça le point capital de sa réforme dans la clôture absolue du monastère vis-à-vis du monde. Elle entoura son abbaye de bonnes murailles, qui devaient rester infranchissables à la famille même. Un pareil renoncement était-il possible? Était-il dans les vues de Dieu? Le 23 septembre 1609, M. et Mme Arnauld frappaient à la porte pour faire visite à leur fille. La mère Angélique ouvrit le guichet, et pria son père d'entrer dans le parloir, afin qu'à travers la grille elle pût se donner l'honneur de lui expliquer ses résolutions. Puis, ayant aperçu derrière cette grille les traits altérés de son père et ayant entendu ses tendres reproches, elle s'évanouit, mais sans que sa volonté eût faibli. Elle avait repoussé jusqu'au bout les embrassements paternels; elle avait consommé cette séparation absolue d'avec le siècle, qui devait être la marque de Port-Royal.

Sous la forte main de la mère Angélique, au contact de sa foi souveraine, le monastère se régénéra et fleurit rapidement. Ces filles, qui ne cherchaient que Jésus crucifié, répandaient sur leur passage les trésors de la charité chrétienne. C'était une bénédiction de les entrevoir. Nulle maison n'était en meilleure odeur. Lorsque saint François de Sales, le doux et pensif évêque de Genève, vint visiter la mère Angélique, il trouva tout à son gré dans ce véritable *Port Royal*, un peu austère, mais si sérieusement dévot, qu'il appela désormais ses *chères délices*. Et il donna de tout son cœur à l'abbesse, qui les lui demandait, ces merveilleuses directions spirituelles, où la fermeté se faisait si douce, et la sainteté si charmante.

En 1626 la communauté, étant à l'étroit, se transporta à Paris. Dix ans après, elle avait pour directeur Jean du Vergier de Hauranne, abbé de Saint-Cyran. La mère Angélique, qui retrouvait en lui les vertus du saint évêque de Genève, lui accorda toute sa confiance. L'abbé de Saint-Cyran était lié avec Jansénius, le savant professeur de l'Université de Louvain, plus tard évêque d'Ypres, lequel travaillait à restaurer, contre les jésuites, la pure doctrine augustinienne de la grâce. Saint-Cyran partageait les idées de son ami. Il s'était entendu avec lui pour travailler au relèvement du christianisme dans l'ordre pratique, tandis que Jansénius le restaurerait dans l'ordre théorique. Son principe était que le pécheur, s'il n'aime Dieu véritablement, ne saurait être justifié. Il s'attachait à décrire et à faire pratiquer le genre de vie qui résulte de ce principe.

Directeur de Port-Royal, il rêva pour la communauté d'autres destinées que celles où la bornait la mère Angélique. L'Église était malade. La corruption des mœurs y suivait l'altération de la doctrine. Ce qu'il fallait pour la guérir, c'était un foyer de doctrine et de sainteté dont l'influence se propagerait au dehors. Port-Royal était l'instrument choisi de Dieu pour régénérer son église. Saint-Cyran s'appliqua à en faire le modèle vivant de la vraie morale chrétienne, par opposition à la morale d'accommodement qu'y substituaient les jésuites. Ceux-ci professaient que tout moyen est bon quand on a pour fin la gloire de Dieu. Saint-Cyran maintenait qu'on ne peut aller à Dieu que par Dieu même. Dieu n'est réellement la fin que s'il est le principe. Des sept années que dura sa direction, Saint-Cyran en passa quatre enfermé à Vincennes pour son hostilité contre les jésuites. Son prestige n'en devint que plus fort; et ses enseignements et son exemple marquèrent Port-Royal d'une empreinte ineffaçable.

A Saint-Cyran succéda, en 1643, M. Singlin, qui le continua selon ses forces. Scrupuleux directeur de conscience, humble médecin des âmes, il demandait surtout que l'on se rendît attentif à l'appel de Dieu, et que l'on agît exclusivement sous sa conduite. Bientôt M. Singlin se déchargeait sur M. de Saci d'une direction qui lui faisait peur. Celui-ci, homme intérieur, prudent, d'une piété calme et recueillie, se fit remarquer par sa crainte chaste et respectueuse de la grandeur infinie de Dieu, et par sa vive conscience du caractère d'éternité propre aux sentiments qui nous viennent de lui.

Sous la direction de Saint-Cyran, Port-Royal avait cessé d'être simplement un monastère de femmes. A l'époque où la communauté vivait à Paris, il établit dans l'ancien monastère, qui devint alors Port-Royal-des-Champs, un certain nombre d'hommes distingués, à qui Dieu avait inspiré le désir de se retirer dans la solitude pour faire pénitence et s'occuper de leur salut. C'étaient Le Maître, avocat, Le Maître de Saci son frère, le futur directeur de Port-Royal, Lancelot, puis Fontaine, Arnauld d'Andilly et beaucoup d'autres. Plusieurs des ecclésiastiques et des Messieurs de Port-Royal étaient des savants et des moralistes très remarquables. Tel Antoine Arnauld, le grand Arnauld, théologien consommé, solide philosophe, dont un Leibnitz briguera l'approbation; tel le fin et aimable Nicole, le futur auteur des *Essais de morale.*

Ces pieux ascètes étaient, dans l'ordre des choses humaines, les apôtres de la raison. Ils appréciaient la philosophie de Descartes. Ils en goûtaient la réserve en matière religieuse, la méthode purement rationnelle en matière scientifique. De même, dans le style, ils cherchaient avant tout la clarté, la simplicité, l'effacement de la forme devant le fond. Ils avaient plus de gravité et de force que de couleur et de variété.

Le même esprit dirigea l'enseignement que donna Port-Royal dans ses *Petites Écoles*, rivales des maisons d'éducation des jésuites. On y veillait avant tout à l'innocence et à la pureté des enfants, on leur inspirait une piété intérieure et solide. En même temps on formait en eux l'esprit et la raison. Ni la routine ni même l'usage n'étaient acceptés comme lois : on cherchait les raisons des choses, on allait aux sources, on mettait les élèves en mesure de bien penser et bien juger par eux-mêmes.

Tel était Port-Royal quand s'y retira Pascal : une sorte de couvent laïque à côté d'un véritable monastère, un lieu de retraite où l'on travaillait, avant tout, à pratiquer la morale chrétienne dans sa vérité.

Pascal y trouvait la solitude et l'esprit de piété intérieure que son cœur cherchait. Était-il attiré par le charme discret de ce vallon tranquille, fermé, coin de verdure et de silence à quelques lieues de la capitale? La nature, en ce temps, ne parlait guère aux hommes de pensée, trop vivement touchés de tout ce que la réflexion sur soi-même leur faisait découvrir, pour donner une grande attention à la vie des choses. Pascal, par contre, vit-il dans le désert de Port-Royal ce vallon affreux, tout propre à inspirer le goût de faire son salut, qui fait peur à Mme de Sévigné? Pas davantage. C'est de son âme seule que lui viennent ses impressions; et tout ce qu'il demande aux objets environnants, c'est de ne point troubler ses entretiens avec Dieu.

Son premier soin, en s'installant à Port-Royal, fut d'abandonner tout ce qui pouvait avoir quelque apparence de grandeur. Il fit profession de pauvreté et d'humilité, et suivit, dans toute sa rigueur, le train de la maison. Il se levait à cinq heures du matin pour assister aux offices, et il joignait le jeûne à la veille, au mépris de toutes les défenses que lui avaient faites les médecins. Ce régime lui fut très salutaire. Sa santé s'en trouva bien, et une joie intense pénétra son âme. Il se voyait logé et traité en prince, selon le jugement de saint Bernard. La cuiller de bois, la vaisselle de terre dont il lui était donné de se servir étaient pour lui l'or et les pierres précieuses du christianisme. Il éprouvait que la santé dépend de Jésus-Christ plus que d'Hippocrate, et que le renoncement à soi est, dès cette vie, la source du bonheur.

Port-Royal avait accueilli sa venue avec une particulière reconnaissance pour le Seigneur. Quel témoignage de la grâce divine, que d'avoir inspiré l'humilité à cet esprit si profond, à ce philosophe si célèbre! En même temps, quelle preuve de la bienveillance de Dieu pour la maison! Quant à Pascal, il s'efforça d'acquérir les vertus qu'on y pratiquait, mais il ne se considéra pas comme lui appartenant véritablement. Il s'absentait souvent de Port-Royal pour vivre à Paris, soit chez lui, soit à l'auberge du Roi David, sous le pseudonyme de M. de Mons. Lié aux personnes de Port-Royal, il ne crut pas faire partie d'une communauté; il entendit conserver son indépendance. Il se livra d'ailleurs avec zèle aux occupations de ces Messieurs. Avec eux, il étudie l'Écriture et les Pères. Il s'intéresse aux *Petites Écoles*, et propose pour elles une nouvelle méthode de lecture. Il assiste aux conférences relatives à la traduction du Nouveau Testament, qui se tiennent chez le duc de Luynes au château de Vaumurier.

Sa piété ardente, jointe à ses relations avec ces Messieurs, donne à son génie une impulsion nouvelle. Il commence par rentrer en lui-même et s'interroger sur la manière dont la grâce a opéré en lui. Dans un écrit *Sur la conversion du pécheur*, il trace en quelque sorte la théorie du retour vers Dieu de l'âme absorbée par le monde. Il y montre comment l'homme qui a une fois clairement conçu que Dieu est sa fin en vient nécessairement à vouloir que Dieu soit aussi sa voie et le principe de toutes ses actions.

Cependant ces Messieurs étaient désireux de savoir ce que pensait sur la philosophie ce grand esprit, qu'ils savaient s'y être particulièrement adonné. Le pieux et timide M. de Saci, à qui M. Singlin avait confié Pascal pour lui apprendre à mépriser les sciences, et qui aimait à mettre chacun sur son fonds, le questionna un jour sur cette matière. La conversation, sans doute préparée, fut une sorte de conférence. Elle nous a été conservée par Fontaine, secrétaire de M. de Saci. A vrai dire, ce que nous possédons, sous le titre d'*Entretien de Pascal avec M. de Saci*, n'est pas le propre texte de Fontaine, sous sa forme primitive. Nous n'en avons pas moins l'impression d'avoir affaire à la pensée et même, pour une forte part, à la parole de Pascal.

Ce n'est pas sans quelque inquiétude que M. de Saci engage l'entretien. Il tient les philosophes pour de véritables usurpateurs, s'arrogeant une autorité qui n'appartient qu'à Dieu; il n'admet pas qu'aucune lumière puisse manquer à qui possède l'Écriture et saint Augustin. Pascal, malgré son extrême déférence, ne s'occupe pas de complaire à son interlocuteur. Il répond avec la candeur de son âme et la netteté de son esprit. Il regarde la vérité en face, même si elle paraît embarrassante. Il a confiance dans son génie, éclairé par Dieu, pour concilier les propositions qui paraîtraient contradictoires.

Il expose à M. de Saci que ses deux lectures les plus ordinaires ont été Épictète et Montaigne, et il fait un grand éloge de ces deux esprits. Remontant à la source de leurs pensées, il voit en eux les représentants par excellence des deux formes essentielles de la philosophie.

Épictète et Montaigne sont, dit-il, bons chacun par un côté et mauvais par l'autre. Épictète a bien connu le devoir de l'homme : il a bien vu que l'homme doit regarder Dieu comme son principal objet, et, en toutes choses, se soumettre à lui de bon cœur. Mais il a cru à tort que, ce devoir, l'homme, par lui-même, était capable de le remplir. Quant à Montaigne, ayant voulu chercher quelle morale la raison devrait dicter sans la lumière de la foi, il a bien vu qu'ainsi livrée à elle-même, la raison ne pouvait aboutir qu'au pyrrhonisme. Mais il a tort de trouver bon que l'homme s'en tienne à ce qu'il peut, en négligeant ce qu'il doit. Il a tort d'approuver qu'on prenne pour unique règle la coutume et la commodité, et qu'on s'endorme sur l'oreiller de la paresse. Ainsi, l'un connaît le devoir, mais conclut faussement du devoir au pouvoir, l'autre connaît l'impuissance, mais en fait faussement la mesure du devoir.

Comment de ces doctrines dégager la vérité? Suffira-t-il de rapprocher Épictète et Montaigne, en ce que chacun a de bon, et de les compléter l'un par l'autre? Cela ne se peut. Chacune des deux philosophies est, au point de vue naturel, un tout indissoluble. L'homme est un. Cette unité serait rompue, si l'on faisait coexister en lui le devoir du stoïque et l'impuissance du pyrrhonien. Ni Montaigne ni Épictète ne pouvaient conclure autrement qu'ils n'ont fait. Et ainsi les deux doctrines produisent une contradiction, à la fois inévitable, puisque chacune d'elles est nécessaire, et insoluble, puisqu'il s'agit d'un sujet indécomposable. C'est la raison elle-même s'engageant dans un conflit dont elle ne peut sortir. Ni l'affirmation n'est ici permise, ni la négation. Le scepticisme n'est pas moins exclu que le dogmatisme.

La solution, que la raison ne saurait trouver, nous est fournie par la foi. Il a manqué à l'une et à l'autre secte de connaître que la condition présente de l'homme diffère de l'état où Dieu l'a créé. Le stoïque, remarquant quelque trace de sa grandeur première, feint que sa nature est saine et, par elle-même, capable d'aller à Dieu. Le pyrrhonien, ne voyant que la corruption présente, traite la nature comme infirme nécessairement. Or la misère est dans la nature, et la grandeur est dans la grâce, à qui il appartient de réparer la nature; et la coexistence de la misère et de la grandeur cesse d'être contradictoire, du moment que ces deux qualités résident dans deux sujets différents. Comment cette coexistence est-elle possible? Elle a sa raison dans l'union ineffable de l'infirmité et de la puissance en la personne unique de l'homme-Dieu. Elle est une image et un effet de la nature double et une de Jésus-Christ.

A mesure que Pascal développait ses idées, M. de Saci ne savait s'il devait admirer ou s'effrayer. Certes, de telles lectures deviennent inoffensives, si l'on sait ainsi tourner les choses; mais que d'esprits seront impuissants à tirer ces perles de ce fumier! Combien ne sauront que se perdre avec les philosophes, et devenir, comme eux, la proie des démons et la pâture des vers!

Avec non moins de fermeté que de discrétion, Pascal maintient l'utilité de ces lectures. On doit avoir égard à l'état d'âme, non seulement du chrétien, mais de l'incrédule. L'obstacle à la conversion, chez le philosophe, c'est, ou l'orgueil, fruit du stoïcisme, ou la paresse, suite du pyrrhonisme. Or il est bien vrai que ces lectures, si on les isole, favorisent l'un ou l'autre. Mais jointes ensemble elles les opposent l'un à l'autre. Par là, si elles ne peuvent créer la vertu, elles peuvent du moins troubler le vice. Elles ne sauraient sauver, mais elles peuvent être l'instrument dont la grâce se sert pour faire naître dans l'âme l'inquiétude, ce premier mouvement vers le salut.

Ainsi se défend Pascal. C'est qu'il se rappelle le conflit qui s'est élevé en son âme lorsque la grâce a commencé de le toucher. Et dès maintenant il songe à ramener à Dieu ceux qui sont liés comme il l'a été. Dès maintenant il conçoit la méthode à suivre : exciter dans l'homme, en lui faisant faire réflexion sur lui-même, le mépris de sa fausse sagesse et le besoin de Dieu. Il a pris une conscience plus nette de ses idées et de ses moyens d'action, en les exposant à M. de Saci.

Son caractère le portait à propager sa conviction. Comme il avait fait jadis participer sa famille à sa première conversion, ainsi maintenant il attirait à Dieu son bon ami M. le duc de Roannez, et M. Domat, qui fut depuis avocat du roi au présidial de Clermont. Le souvenir du chevalier de Méré, de Miton, des amis de ses années frivoles, lui inspira le désir de composer un grand ouvrage où il ne se bornerait pas à confondre les athées, mais où il travaillerait de toutes ses forces à l'œuvre de leur conversion.

Dans cette pensée il reprend, à un point de vue nouveau, cet examen de la méthode des sciences auquel il s'est déjà appliqué. L'occasion, d'ailleurs, lui en est fournie par les travaux de Port-Royal destinés aux *Petites Écoles*. Sans doute ce fut en vue d'une préface à un *Essai d'éléments de Géométrie* que Pascal composa les deux fragments qui nous sont parvenus sous ce titre commun : *De l'esprit géométrique*. Le second de ces fragments, que nous intitulons *De l'art de persuader*, n'est peut-être qu'une refonte du premier. Il s'agit, dans ces deux essais. de mettre les choses humaines à leur plan, et, par la réflexion sur les sciences naturelles, de se former l'esprit en vue de l'étude des choses divines.

Les mathématiques sont l'instrument par excellence de l'éducation intellectuelle. Le bienfait que nous leur devons réside bien moins dans les connaissances dont elles se composent que dans l'esprit de netteté qu'elles développent en nous. Elles nous apprennent ce que c'est que démontrer. En quoi donc consistent leurs démonstrations?

Elles font profession de produire en nous la certitude. Certitude n'est pas précisément conviction. La méthode de convaincre consisterait à tout définir et à tout prouver. Mais cela est impossible. C'est pourquoi, à l'art de convaincre, la géométrie substitue une méthode qui donne du moins la certitude : l'emploi de la lumière naturelle et de la démonstration indirecte. La lumière naturelle est cette clarté qui accompagne certains objets, grâce à laquelle ils sont immédiatement entendus par tous les hommes; c'est la nature soutenant l'ordre de nos pensées, au défaut du raisonnement. La démonstration indirecte consiste à examiner, non ce qu'il s'agit de démontrer, mais la proposition contraire, et à voir si elle est manifestement fausse. De cette fausseté résultera la vérité de la proposition contradictoire. Ce mode de démonstration, en ce qui concerne les principes, convient à la nature de l'homme. Car son intelligence, depuis le péché, est malade. Naturellement elle ne connaît que le mensonge. L'infini, par exemple, lui est incompréhensible, et cependant il est véritable. La raison en démontre l'existence, en prouvant qu'il n'y a point deux nombres carrés dont l'un soit double de l'autre, tandis qu'un carré géométrique peut être double d'un autre carré : il suit de là que l'espace ne se compose pas d'un nombre fini d'indivisibles , mais est divisible à l'infini. Légitime, nécessaire dans la plus parfaite des sciences, pourquoi le recours à la lumière naturelle ou à la démonstration indirecte serait-il, ailleurs, taxé d'abord d'incertitude?

Si l'on analyse dans ses détails la méthode des géomètres, on trouve qu'elle comprend certaines règles relatives, soit aux propositions prises en elles-mêmes, soit à l'ordre dans lequel les propositions doivent être disposées. Les premières prescrivent : 1° de définir tous les termes dont on doit se servir, sauf ceux qui sont trop clairs pour demander et comporter une définition; 2° de proposer des axiomes évidents; 3° de substituer toujours mentalement dans les démonstrations la définition à la place du défini. Quant aux secondes, le fragment inachevé ne fait que les mentionner. Pourtant Pascal considérait, en toute recherche, la question de l'ordre comme prépondérante. Sans doute, sur l'ordre dans les démonstrations mathématiques, ses idées étaient à peu près celles de l'auteur du *Discours de la Méthode*, qui avait donné tous ses soins à ce problème.

Cette rigoureuse méthode devrait suffire à nous persuader, en tout ce qui concerne les choses naturelles. Car tout y est, au fond, mouvement, nombre et espace. Mais elle ne suffit en effet que dans les matières qui n'ont aucun rapport à notre agrément. Dès que les désirs de notre cœur sont en jeu, nous fermons les yeux à l'évidence même, pour adopter ce qui nous plaît. Il y a ainsi deux entrées par où les opinions sont reçues dans notre âme : l'entendement et la volonté. Et pour être assuré d'obtenir l'adhésion des hommes, il faut savoir leur agréer, non moins que les convaincre.

Un art d'agréer est-il possible? Certes, il y a des règles pour plaire comme pour démontrer, et non moins sûres. Qui les connaîtrait et pratiquerait en perfection réussirait aussi sûrement à se faire aimer des rois et de toutes sortes de personnes qu'à démontrer les éléments de la géométrie. Mais ces règles sont très subtiles, parce que les principes du plaisir ne sont pas fermes et stables. Pascal ne se sent pas capable d'en traiter. Et puis, cet art si puissant, il le méprise, parce qu'il y voit une suite de notre corruption, qui nous fait repousser la vérité, à moins qu'elle ne nous flatte. Dans le domaine des choses naturelles, l'ordre est que le consentement entre de l'esprit dans le cœur, et non du cœur dans l'esprit.

S'ensuit-il pourtant que l'art d'agréer soit sans emploi légitime?

Si les hommes, en matière naturelle, ont coutume de subordonner leur entendement à leur volonté, leur conduite est coupable, mais elle n'est pas sans quelque fondement. Car en ce qui concerne, non plus les choses naturelles, mais les choses divines, Dieu seul peut les mettre dans l'âme, et par la manière qu'il lui plaît. Or il a voulu que ces choses entrassent du cœur dans l'esprit, et non de l'esprit dans le cœur, afin d'humilier notre raison superbe, et de guérir notre cœur corrompu. La faute des hommes est donc de juger des choses naturelles d'après la règle qui ne convient qu'aux choses divines. S'il en est ainsi, l'art d'agréer, condamnable dans la vie naturelle, devient la méthode nécessaire, pour qui travaille à convertir l'incrédule. Il y a des voies par où l'on atteint sûrement le cœur de l'homme. Il y a un ordre qui donne aux pensées la force de s'insinuer en lui et de le pénétrer. C'est cette méthode surtout qu'il faut connaître et pratiquer, si l'on veut enseigner efficacement les vérités de la religion. Et Pascal conçoit la difficulté singulière, mais aussi les conditions précises de la tâche qu'il s'est assignée.

Ce n'est pas tout : du biais dont il considère les sciences, il entrevoit les principes généraux qui doivent guider ses réflexions. La géométrie nous force à reconnaître l'existence d'un double infini : l'un de grandeur, l'autre de petitesse. C'est ce qui résulte de l'analyse du mouvement, du nombre et de l'espace. Or cette notion d'un milieu entre deux infinis nous aide à nous situer nous-mêmes dans l'univers visible et invisible. Si nous cherchons quelle est notre place dans le monde matériel, nous voyons que nous sommes un milieu entre un infiniment petit et un infiniment grand; un tout à l'égard d'un néant, un néant à l'égard d'un tout. Si maintenant nous cherchons quelle est la place de l'homme dans l'ensemble des choses naturelles et surnaturelles, sa condition dans le monde matériel nous est un symbole qui nous aide à la concevoir. Son esprit, sa pensée, qui est son être propre, n'est-il pas comme suspendu entre le monde naturel, qui est infiniment au-dessous de lui, et le monde de la charité ou amour de Dieu, qui est infiniment au-dessus? C'est ainsi qu'en méditant sur les objets de la géométrie, l'homme apprend à s'estimer à son juste prix, et à former des réflexions qui valent mieux que toute la géométrie.

Ces réflexions, c'était, dans l'esprit de Pascal, le premier dessein du grand ouvrage qu'il devait préparer plus tard contre les athées. Son principe est dès maintenant déterminé. Ce n'est plus cette séparation pure et simple de la raison et de la foi, que lui avait enseignée son père. Ce n'est pas non plus l'abolition de la raison au profit de la foi. Science et religion ont des domaines distincts, et en même temps il y a entre elles certains rapports. La science donne à l'esprit une netteté, une justesse, une force de raisonnement qui ont leur emploi partout. Elle aide à l'homme à se connaître, elle lui fournit des notions qui l'invitent à regarder au-dessus du monde et de lui-même. L'homme naturel, avec sa raison et sa science, n'est pas la mesure de la vérité et ne peut embrasser l'ordre des choses divines; mais la considération de sa propre nature le dispose à chercher les vérités surnaturelles. L'homme est un problème dont la solution ne se trouve qu'en Dieu.

Si l'on ne peut dire que Port-Royal fût précisément janséniste, au sens dogmatique que l'on attribue à ce mot, on ne saurait non plus retrouver purement et simplement les principes de Port-Royal dans les idées de son nouvel hôte. Non seulement Pascal expose ces idées dès les premiers jours de sa retraite près de l'abbaye, mais elles portent la marque de sa pensée propre. Ni M. Singlin ou M. de Saci, qui n'ont que de la défiance à l'égard de la raison et s'enferment dans la pratique, ni Arnauld, qui sépare radicalement la théologie de la philosophie, à la manière cartésienne, et ne voit que pyrrhonisme dans la prétention d'ériger la foi en principe universel de nos jugements, ne peuvent se reconnaître en lui. Pascal ne s'appuie pas immédiatement sur la foi, comme Jansénius; il n'isole pas la vie chrétienne de l'exercice de la raison naturelle, comme Port-Royal. De son passage à travers le monde et la philosophie il a gardé le sentiment de la grandeur de la nature humaine. Dans la religion même il trouve un fondement à ce sentiment, si mêlé d'erreur qu'il puisse être. La philosophie, la science, la raison, la nature devront donc, chez Pascal, tenir leur place et jouer leur rôle dans l'établissement des vérités de la foi.

CHAPITRE VI

LES « PROVINCIALES »

Quels que fussent, au commencement de 1655, les projets de Pascal, il n'eut pas, à cette époque, le loisir de les exécuter. Retiré à Port-Royal pour y vivre dans le recueillement et le silence, il s'y vit tout à coup engagé dans l'une des luttes les plus solennelles et les plus ardentes qui aient agité les esprits des hommes.

L'occasion fut un événement, en lui-même peu considérable. Le 31 janvier 1655, M. Picoté, prêtre de la paroisse de Saint-Sulpice, ajournait, pour la communion, son pénitent M. de Liancourt, par cette raison que celui-ci avait chez lui un hérétique, un ami de Port-Royal, l'abbé de Bourzeis, de l'Académie française, et qu'il faisait élever sa petite-fille dans les écoles de l'abbaye. A l'occasion de cet événement, Arnauld publia un écrit intitulé : *Lettre à une personne de condition*, qui fut violemment attaquée par les jésuites, notamment par le P. Annat. Arnauld répliqua, le 10 juillet 1655, dans une *Seconde lettre à un duc et pair de France*, lequel était M. le duc de Luynes. En vain, Arnauld, dans cette lettre, souscrivait-il à la bulle pontificale du 31 mai 1653 condamnant les cinq propositions dites de Jansénius. Les jésuites y relevèrent deux points : 1° Arnauld y justifiait le livre de Jansénius, et mettait en doute que les propositions y fussent; 2° il reproduisait, pour son propre compte, la première proposition, suivant laquelle la grâce nécessaire n'est pas toujours accordée aux justes, en disant que l'Évangile et les Pères nous montraient, dans la personne de saint Pierre reniant Jésus-Christ, un juste à qui la grâce avait manqué. Cette seconde lettre fut déférée à la Faculté de théologie. Les ennemis d'Arnauld, qui se savaient soutenus par le gouvernement, résolurent de profiter de la circonstance pour ôter enfin la parole à l'invincible docteur. Ils adjoignirent à la Faculté une quarantaine de moines mendiants, tous molinistes, alors que les règlements n'admettaient que huit juges surnuméraires. Grâce à cette manœuvre, un moliniste fut porté au syndicat, et, à son tour, fit nommer des commissaires molinistes.

Le 1er décembre 1655, ceux-ci présentèrent leur rapport, où ils incriminaient les deux points signalés, appelant le premier la question de fait, le second la question de droit. Les délibérations furent laborieuses. En vain Arnauld dépêcha-t-il écrit sur écrit, protestant de son adhésion à la doctrine de saint Thomas touchant la grâce suffisante, distincte de l'efficace; condamnant les cinq propositions, en quelque livre qu'elles se trouvassent; demandant pardon au pape et aux évêques d'avoir écrit sa lettre. On ne lui permit même pas de venir en personne exposer ses raisons. De son côté, le gouvernement donna ordre au chancelier Séguier d'assister aux assemblées, afin de peser sur la décision des juges. Le 14 janvier 1656, Arnauld était condamné sur la question de fait par cent vingt-quatre voix contre soixante-onze, quinze étant restées neutres. Il n'y eut jamais, dit Racine, jugement moins juridique.

Restait la question de droit. Les thomistes étaient disposés à renvoyer Arnauld absous, s'il reconnaissait, dans l'âme du juste, la présence d'une grâce suffisante, distincte de l'efficace. Mais les molinistes persistaient à vouloir étouffer les débats. Ils imaginèrent de mettre sur la table une clepsydre, afin de limiter à une demi-heure le temps accordé à chaque docteur pour développer son opinion. *Domine mi*, disait le syndic, *impono tibi silentium*. Et tous de crier : *Concludatur !*

Cependant à Port-Royal on désespérait de l'acquittement d'Arnauld en Sorbonne, et l'on songeait à porter l'affaire devant un autre tribunal, créé depuis peu par les théologiens et par les philosophes, le public. « Vous ne pouvez, disait-on à Arnauld, vous laisser condamner comme un enfant, sans apprendre au public de quoi il est question. » Le savant docteur, qui déjà, en plusieurs de ses ouvrages, s'était adressé aux gens du monde, composa un écrit dans ce sens. Mais ces messieurs n'y donnèrent aucun applaudissement. Alors, se tournant vers Pascal : « Vous qui êtes jeune, lui dit-il, vous devriez faire quelque chose. » Pascal ne se croyait capable que d'ébaucher un projet. Il se mit néanmoins à l'œuvre.

En quelques jours son travail fut achevé. Il le lut à ses amis, qui tous en furent ravis. Et le 23 janvier 1656 paraissait la première *Provinciale*.

La querelle où s'engage Pascal n'est-elle qu'une dispute de théologiens? Est-ce son talent seul, sa verve et son éloquence, qui donne aux *Petites Lettres* leur prix et leur intérêt? Ne sont-elles que des des œuvres d'art, où un sujet particulier, local et passager, se revêt d'une forme idéale et immortelle?

Il n'en est rien. Ces écrits sont des actes, comme les harangues de Démosthène. Pascal s'y attaque à des réalités vivantes et redoutables, à un ordre puissant, que protège la cour : il risque d'être mis à la Bastille. Il ne mène pas une controverse théorique : il emploie toutes les armes dont il dispose à terrasser un ennemi qui, dans la pensée de Port-Royal et dans la sienne, est le destructeur de l'Église de Dieu.

La question de la grâce n'est point une invention des docteurs en théologie. Après que Jésus-Christ eut révélé aux hommes que lui seul était la voie, la vérité et la vie, saint Paul, définissant les principes de la doctrine, enseigna que la grâce, par laquelle Dieu appelle l'homme à lui, est gratuite, c'est-à-dire accordée comme un pur don et non comme une récompense; que Dieu fait miséricorde à qui il veut et endurcit qui il veut, selon les décrets insondables de sa Providence; que lui-même accomplit en nous le faire et le vouloir; et qu'il en est ainsi, parce que le motif de l'action divine, c'est, et la gloire de Dieu, et l'efficacité souveraine du sacrifice d'un Dieu. Ces doctrines, saint Paul les opposa à la prétendue sagesse païenne, qui, chez les stoïciens notamment, attribuait à l'homme la capacité de se donner lui-même la vertu. C'était la restitution à Dieu de la prérogative divine que l'homme s'était arrogée.

Cependant le dogme païen du libre arbitre, non content de la tolérance que lui accordèrent les Pères, prétendait bientôt entrer en maître dans le christianisme, avec le moine Pélage. La grâce de Dieu, disait celui-ci, est donnée à l'homme selon son mérite, et n'est pas indispensable pour se sauver.

Contre Pélage s'éleva saint Augustin, enseignant que l'homme ne possède rien qu'il n'ait reçu; que, séparé de Dieu par le péché héréditaire, il ne peut non plus, naturellement, revenir à lui qu'un tonneau vide ne se peut remplir de lui-même. La grâce de Dieu par le Christ : telle est la condition nécessaire et suffisante de notre salut. En vain les semi-pélagiens essayèrent-ils de concilier le principe païen avec le principe chrétien en admettant que, si l'action utile au salut peut commencer sans la grâce, elle ne peut, sans elle, s'achever et toucher son but : saint Augustin repoussa ce tempérament, et le semi-pélagianisme fut condamné.

La scolastique, qui voyait dans Aristote l'expression de la révélation naturelle, comme pendant à la révélation surnaturelle, ne put manquer de subir l'influence du philosophe. Saint Thomas fait à la raison et au libre arbitre une part plus grande que saint Augustin. La grâce, chez lui, est l'achèvement de la nature. Néanmoins les actes proprement religieux et utiles au salut ont en Dieu, avec leur fin, leur principale origine. Le bon mouvement même par lequel un homme est préparé à recevoir le don de la grâce est un acte du libre arbitre mû par Dieu, et procède principalement de Dieu. Duns Scot, au contraire, inclina au pélagianisme. Le péché originel, selon lui, a dépouillé l'homme des biens surnaturels, mais lui a laissé les biens naturels. Son libre arbitre subsiste. Il peut, par lui-même, se préparer à recevoir la première grâce, et la mériter. En ce même sens, les thomistes en vinrent à dire que l'homme possède, par lui-même, le pouvoir, et que la grâce efficace n'est nécessaire que pour amener le passage du pouvoir à l'acte. Et cette grâce efficace même ne produisait l'acte que si la volonté libre y donnait son consentement.

Tandis que les scolastiques, bien que penchant d'un côté ou de l'autre, cherchaient à concilier le point de vue chrétien et le point de vue païen, la Réforme, préoccupée de purifier le christianisme de tout ce qui n'était pas de son essence, repoussa toute idée de conciliation. Luther nia purement et simplement le mérite des œuvres, et soutint que les mérites de Jésus-Christ nous justifient, par cela seul que nous croyons que par eux nous sommes justifiés. C'était la grâce opposée entièrement à la nature.

L'œuvre du concile de Trente consista à maintenir avec la même énergie deux principes que l'on croyait également nécessaires, également vrais. D'une part la grâce est toute-puissante, et une vocation gratuite est nécessaire pour que l'homme entre dans la voie du salut. D'autre part, l'homme est libre, et son libre assentiment est requis pour que la grâce opère en lui.

Comment la logique accueillerait-elle une pareille doctrine, où semblaient rapprochées les contradictoires? Beaucoup estimèrent que la logique, malgré sa répugnance, n'avait qu'à s'incliner, par cette raison que deux vérités également certaines ne peuvent être réellement incompatibles. Mais d'autres cherchèrent à supprimer l'un des deux termes.

C'est ainsi que Baïus, revenant aux doctrines les plus rigoureuses de saint Augustin, professe l'impuissance radicale de l'humanité déchue. Le péché originel consiste dans la concupiscence, dont le baptême n'enlève que le démérite, non la malignité. De cette concupiscence les mouvements, même involontaires, sont des péchés.

Au contraire, le jésuite Molina, suivant la direction scotiste, s'efforce de soustraire le libre arbitre à la tyrannie de la grâce. D'après lui, la grâce efficace ne diffère pas essentiellement de la grâce prévenante ou suffisante. Elle est efficace, non par elle-même et par sa nature propre, mais par le libre consentement qu'y ajoute la volonté humaine. Il dépend de nous que la grâce devienne efficace ou reste simplement suffisante. Le libre arbitre coopère ainsi expressément avec la grâce. Dieu propose, l'homme dispose, comme jadis chez les stoïciens.

Dans cette doctrine, qui se répandit très vite, Jansénius vit une menace de mort pour le catholicisme. C'était, selon lui, une résurrection déguisée de l'antique pélagianisme; et le pélagianisme, par l'intermédiaire d'Origène, descendait en droite ligne de la philosophie païenne. Sénèque avait dit : Aux dieux immortels nous devons de vivre, à la philosophie de bien vivre. Ce même orgueil de l'homme, se dressant contre Dieu et au-dessus de Dieu, était, selon Jansénius, l'âme même de la théologie moliniste. D'un autre côté, Jansénius ne pouvait accorder aux protestants que Dieu lui-même nécessite l'homme au péché, ni même à Baïus qu'il peut y avoir péché là où il n'y a pas volonté. Il résolut, pour éviter l'un et l'autre écueil, de suivre rigoureusement saint Augustin. Ayant passé vingt ans à étudier ses écrits, qu'il lut jusqu'à trente fois, il exposa sa doctrine méthodiquement dans un vaste ouvrage nommé *Augustinus*, qu'il soumit d'ailleurs respectueusement au jugement du Saint-Siège. Il fait consister la doctrine augustinienne dans l'histoire religieuse de l'humanité. Il expose, en ce sens, l'état de l'homme avant la faute, les suites de la faute, la réparation par la grâce de Jésus-Christ, et la prédestination.

Selon lui, l'homme, avant la faute, était tel que les molinistes se représentent l'homme actuel, c'est-à-dire l'arbitre de sa sainteté et de son bonheur. L'effet de la faute n'a pas été simplement de dépouiller l'homme des dons surnaturels de la grâce, pour le laisser nu, à l'état de pure nature, intacte ou seulement blessée. L'état de pure nature n'est qu'une invention de théologiens imbus de l'esprit du pélagianisme. L'homme est essentiellement une créature raisonnable. Or il suit de la notion même de la créature raisonnable qu'elle demande à être heureuse, c'est-à-dire à aimer Dieu, et qu'elle doit posséder le moyen de parvenir à cette fin, c'est-à-dire la grâce divine, sans laquelle l'amour de Dieu est impossible. La nature raisonnable implique donc, dans son essence même, des dons surnaturels. Il suit de là que la faute a corrompu l'âme humaine jusque dans son fond. L'homme a voulu se séparer de Dieu, et il s'en est séparé en effet. A la charité s'est substitué dans son cœur l'amour de soi, la concupiscence, qui contient tous les vices, comme l'amour de Dieu contient toutes les vertus.

Dès lors, la rémission des péchés ne suffit pas à produire l'affranchissement, comme le croit l'École, attachée à la philosophie d'Aristote. Le péché n'est pas une tache, qu'on lave; c'est une corruption de l'âme. Pour que l'homme soit délivré, il faut qu'à la délectation de la chair, dont il est esclave, Dieu substitue, comme une délectation victorieuse, l'action de la grâce, par laquelle il le touche et lui fait aimer le bien que son cœur repoussait.

En coordonnant dans ce sens la doctrine de saint Augustin, Jansénius heurtait trop violemment l'enseignement des jésuites pour que ceux-ci demeurassent inactifs. Ils ne s'appliquèrent pas à démontrer que Jansénius avait mal reproduit la doctrine d'Augustin. L'africain échauffé, le docteur bouillant, comme l'appelait l'un d'eux, leur inspirait de la défiance. Mais ils cherchèrent dans l'*Augustinus* des propositions qu'ils pussent signaler comme hérétiques. Leurs efforts pour faire frapper leurs adversaires n'aboutirent qu'au bout de plusieurs années, et en partie grâce à l'appui que leur donnait la reine régente, dominée par le P. Annat, jésuite, confesseur du roi. L'ouvrage, posthume, avait paru en 1640. En 1653 fut publiée la bulle condamnant les cinq propositions extraites de l'*Augustinus* par Nicolas

Cornet, syndic de la Faculté de théologie. Ces propositions concernaient le rapport de l'homme à la grâce divine et la prédestination. Isolées de l'ensemble, et prises dans leur sens immédiat, elles apparaissaient comme la négation à peu près complète du libre arbitre, et l'affirmation que Jésus-Christ n'est pas mort pour tous les hommes. Elles étaient d'ailleurs très habilement choisies, puisque Bossuet déclara qu'elles étaient l'âme du livre.

Les jansénistes étaient très sincèrement attachés à l'Église, et opposés au protestantisme. Ils eussent peut-être cédé, si le différend eût été purement théologique. Mais ce qu'ils condamnaient chez les jésuites, c'était leur morale autant que leur théologie, et ils considéraient les deux doctrines comme solidaires.

La morale des jésuites consistait principalement dans la casuistique. En un sens, ce n'était pas là une nouveauté. Si déjà, dans l'antiquité, sur la trace d'Aristote, la rigide secte des Stoïciens avait conçu comme variable, dans la pratique, le devoir, qu'elle jugeait absolu dans la théorie, l'Église chrétienne, tournée vers l'application et poursuivant le salut individuel des âmes, ne pouvait manquer d'admettre des idées analogues. La confession et la direction spirituelle y contribuèrent particulièrement. On se préoccupa d'adapter les préceptes éternels de Dieu à la volonté et aux besoins changeants des individus, de considérer, dans leur complexité et leur variété, les cas que nous offre la vie réelle, et de tirer de cette étude les enseignements qu'elle comporte relativement au devoir et à l'imputabilité : ce fut la casuistique. Dès le Moyen âge on en trouve de nombreux exemples. Les doctrines de Duns Scot et d'Occam, qui mettent en relief la volonté et l'individualité, en favorisent le développement. Mais ce qui n'était qu'une pratique et une coutume devint, chez les jésuites, un système. Escobar se donne pour tâche de rendre possible à tous l'absolution dans cette vie, le salut dans l'autre. Dès lors, en chaque action défendue, il s'applique à distinguer si habilement le cas précis où elle est défendue des cas où elle est permise, que la défense, en fait, ne trouve presque plus d'applications. Là où Aristote avait mis le jugement vivant de l'homme de bien, les jésuites introduisent des règles écrites, subtiles et compliquées, qui recouvrent la loi et tendent à s'y substituer.

Le danger d'un tel système ne manqua pas de frapper les âmes religieuses. Dès 1565, l'Université de Paris demandait l'expulsion des jésuites. Et en effet, la morale chrétienne s'était présentée avec un caractère bien différent de celui que lui prêtait Escobar. Jésus-Christ avait dit : « Qui ne m'aime point ne garde point mes préceptes » ; et saint Paul avait prononcé l'anathème contre ceux qui n'aiment pas le Seigneur Jésus. Il n'était pas ici question de cas et de circonstances. Saint Augustin avait fait de l'amour de Dieu le devoir fondamental et absolu. Et c'était de cet amour qu'avait vécu l'Église. Il était contraire à l'esprit du christianisme de chercher le salut dans la simple obéissance extérieure à des règles écrites, abstraction faite de la pureté du cœur.

Les jansénistes étaient, sur ce point encore, du

côté de saint Augustin; et ils trouvaient dans ce père lui-même l'affirmation du rapport qui unit la morale de l'amour de Dieu à la doctrine de la grâce. « L'amour de Dieu, disait saint Augustin, se répand dans nos cœurs, non par le libre arbitre qui vient de nous, mais par le Saint-Esprit, qui nous est donné. »

Tel était le débat auquel, inopinément, Pascal se trouva mêlé. Il ne pouvait manquer d'embrasser la cause d'Arnauld et de Port-Royal avec enthousiasme. Son éducation, sa foi, sa conversion, dont le principe avait été tout intérieur, faisaient de lui, d'avance, le partisan des jansénistes contre les jésuites. Lui-même venait d'écrire, tout récemment, sur la *Comparaison des chrétiens des premiers temps avec ceux d'aujourd'hui*, quelques pages où il déplorait l'invasion de l'esprit du monde dans l'Église même, et le mélange qu'on y pratiquait des vices du siècle avec la religion. Mais la préparation à une telle controverse lui faisait défaut. Il n'avait nullement étudié la théologie. Il avait cherché dans l'Écriture la vie et non des textes. Et la compétence en une matière aussi pleine d'embûches ne s'improvise pas. Eût-il eu le temps d'étudier, il n'est pas vraisemblable qu'il fût devenu un fort théologien. Il voulait comprendre; et, pour lui, comprendre, c'était ramener les mots à des faits, à l'expérience soit extérieure soit intérieure. Il n'aurait pu, à lui seul, lutter contre les plus habiles des adversaires. Mais ses amis étaient là pour lui fournir des textes et lui expliquer les savantes définitions et distinctions des docteurs. Il travailla sur les notes que ceux-ci lui fournissaient, non sans vérifier les citations, y compris le contexte.

Nicole prépara même le plan de plusieurs lettres, et les revit pour la plupart.

En revanche, Pascal apportait dans ce débat des qualités et des dispositions propres à lui fournir des armes d'une singulière puissance. Déjà les jansénistes, à l'exemple des protestants, s'étaient adressés au public, mais sans quitter leur point de vue de théologiens et d'érudits. Pascal, lui, n'a point de caractère spécial : c'est un homme. De la nature humaine il a compris, il a éprouvé les tendances profondes et universelles, les besoins, les désirs, les passions, les joies, les amours. Et l'homme est le centre auquel il a rattaché tout ce qui est. La religion même, il l'envisage dans son rapport à l'homme. Ce n'est donc plus un théologien qui va écrire pour des théologiens : c'est un homme qui va parler à l'humanité. Une question d'école allait ainsi se transformer en un appel au bon sens, à la conscience, à l'honnêteté qui se retrouvent dans toute âme humaine.

Et la forme, le ton, le langage allaient présenter le même caractère. Pascal hait le pédantisme, les expressions convenues, le langage technique, la rhétorique et les procédés. Mais dans toutes ses paroles il vise le cœur, et il ne néglige rien pour l'intéresser. Il est doué d'une verve, d'une imagination, d'un esprit caustique, dont il a expérimenté les effets. Il a l'idée d'un art de parler et d'écrire proprement humain, dont les effets sur la volonté ne seraient pas moins sûrs que ceux de la démonstration sur l'intelligence. Il va donc traiter des questions les plus abstruses d'un autre air que les hommes du métier. Il va parler le langage des honnêtes gens, donner à ses compositions la forme de lettres, employer le dialogue, créer des personnages, les mettre en scène, leur prêter un caractère, répandre sur leurs discours l'esprit, l'agrément, la passion, l'ironie, la colère, l'indignation, l'amertume, en un mot faire exister et vivre les idées qu'il expose, afin que, franchissant les intelligences, elles pénètrent jusqu'au cœur, foyer de la vie et de l'action.

La question, au début, semblait toute particulière et personnelle. Arnauld avait été condamné sur la question de fait. Il s'agissait d'empêcher qu'il ne le fût sur la question de droit. La condamnation avait été due notamment à la défection de quelques dominicains de Paris, qui s'étaient joints aux molinistes. Pascal essaye de les ramener.

Comment ces hommes qui se disent dominicains ont-ils pu se rapprocher ainsi des disciples de Molina ? L'union s'est faite à la faveur d'un mot. Les molinistes enseignent que les justes ont toujours le *pouvoir prochain* de prier Dieu. Par ce mot, qu'ils ont inventé, ils entendent que les justes ont tout ce qui est nécessaire pour l'action. Or les dominicains néo-thomistes, qui sont censés admettre également un pouvoir prochain, le définissent : un pouvoir qui reste sans effet s'il ne s'y joint une grâce efficace, laquelle n'est pas donnée à tous, et détermine la volonté. Visiblement, l'accord n'est que verbal. En réalité, les nouveaux thomistes pensent comme les jansénistes : ils doivent donc, s'ils sont sincères, se mettre de leur côté.

C'est ce que Pascal veut leur faire entendre. Il imagine un homme du monde, Louis de Montalte, qui écrit à un de ses amis habitant la province, pour le renseigner sur les disputes présentes de la Sorbonne. Montalte est, ainsi que Socrate, très ignorant, et très désireux de s'instruire auprès des gens qui se donnent pour compétents. Il voudrait bien savoir ce qu'on reproche à M. Arnauld et aux jansénistes. Il consulte un thomiste, un janséniste, un moliniste, un nouveau thomiste. Il apprend que le grief est de n'employer pas le mot *pouvoir prochain*.

Mais sous ce mot quelle idée faut-il mettre? D'un commun accord molinistes et nouveaux thomistes écartent cette question, qui les diviserait. Que M. Arnauld dise *pouvoir prochain* : il sera thomiste, partant catholique; sinon, il est janséniste et hérétique. — Mais il n'appelle ce pouvoir ni prochain ni non prochain. — Il est donc hérétique. — Il se refuse d'admettre ce mot *prochain*, parce qu'on ne le veut pas expliquer. Alors jésuites et nouveaux thomistes de s'écrier tous ensemble : il faut dire que tous les justes ont le pouvoir prochain, en faisant abstraction de tous sens. Vous le direz, ou vous serez hérétique. Car nous sommes le plus grand nombre; et, s'il en est besoin, nous ferons venir des cordeliers.

La lettre parut anonyme, le 23 janvier 1656, et l'auteur n'en fut pas soupçonné. Elle troubla quelque peu M. Singlin, qui n'y retrouvait pas le ton de Saint-Cyran. Mais elle eut auprès du public un succès énorme, et causa une vive émotion parmi les théologiens et dans le monde politique. Les docteurs nommés dans la lettre entrèrent dans une violente colère. M. le chancelier faillit suffoquer, et dut, dit-on, être saigné sept fois.

Le lendemain même de l'apparition de la première Provinciale, les docteurs amis d'Arnauld, au nombre de soixante, se retiraient de l'Assemblée en protestant contre l'irrégularité de la procédure. Pascal se mit immédiatement à la composition d'une seconde lettre, analogue à la première.

Il est, dit-il, un second point sur lequel diffèrent les jésuites et les jansénistes, c'est la doctrine de la grâce. Les jésuites veulent qu'il y ait une grâce donnée à tous, et soumise de telle sorte au libre arbitre, que celui-ci, à lui seul, la rende, à son choix, efficace ou inefficace. Ils l'appellent *grâce suffisante*. Les jansénistes, au contraire, ne considèrent comme actuellement suffisante que la grâce efficace, et disent qu'on n'agit jamais sans une grâce efficace. Que font les nouveaux thomistes? Ils admettent une grâce suffisante donnée à tous, mais ils ajoutent que, pour agir, il est nécessairement besoin d'une grâce efficace, que Dieu ne donne pas à tous. Or, qu'est-ce qu'une telle grâce, sinon une grâce suffisante qui ne suffit pas? Les dominicains, cette fois encore, se réunissent aux jésuites à la faveur d'un mot, alors que, pour la doctrine, ils sont du côté des jansénistes. Est-il digne de l'ordre de Saint-Thomas de déserter ainsi la cause de la grâce? — Vous en parlez à votre aise, répond le bon Père. Vous êtes libre et particulier; je suis religieux et en communauté. Nos supérieurs ont promis nos suffrages. Et certes, notre ordre a soutenu autant qu'il a pu la doctrine de saint Thomas touchant la grâce efficace. Mais les jésuites sont maintenant maîtres de la créance des peuples, et nous serions en danger d'être décriés comme calvinistes et traités comme le sont les jansénistes, si nous ne tempérions la vérité de la grâce efficace par l'aveu, au moins apparent, d'une *grâce suffisante*. — Allez, mon Père, lui dit alors Montalte. Votre ordre a reçu un honneur qu'il ménage mal. Il abandonne cette grâce qui lui avait été confiée, et qui n'a jamais été abandonnée depuis la création du monde. Il est temps que d'autres mains s'arment pour sa querelle. Il est temps que Dieu suscite au docteur de la grâce des disciples intrépides, qui, ignorant les engagements du siècle, servent Dieu pour Dieu.

Comme Pascal terminait cette seconde lettre, le 29 janvier 1656, il apprit que la censure était prononcée contre M. Arnauld, par cent trente voix contre neuf. Celui-ci ne plia point; mais il demanda au Seigneur de le secourir, afin qu'il pût combattre pour la vérité jusqu'à la mort. Retranché du corps de la Faculté, il se cacha pour éviter la Bastille.

Cependant Pascal, qui voit ses *Lettres* lues et goûtées universellement, approuvées de personnages tels que Chapelain et Mme de Longueville, s'élève hardiment contre la condamnation. La proposition de M. Arnauld : « Les Pères nous montrent un juste en la personne de saint Pierre, à qui la grâce, sans laquelle on ne peut rien, a manqué, » est justifiée, de toute évidence, par le langage de saint Augustin et de saint Chrysostome. Pourquoi donc les molinistes l'attaquent-ils? Pour avoir un prétexte à retrancher M. Arnauld de l'Église. D'explication ils n'en fournissent point, parce qu'il leur est plus aisé de trouver des moines que des raisons. Ce sont des politiques, des habiles, des hommes d'expédients. Ils se sont dit qu'une censure, même surprise, aurait son effet sur la masse ignorante. En fait, la proposition en question n'est hérétique que chez M. Arnauld. Ce qui est catholique chez les Pères, est hérétique chez M. Arnauld. Voilà une hérésie d'une nouvelle espèce : ce n'est pas l'opinion qui la constitue, c'est la personne. Pures disputes de théologiens! En quoi nous touchent-elles, nous qui ne sommes pas des docteurs?

Jusqu'ici l'attitude de Pascal n'a été que défensive. Il voulait ramener les nouveaux thomistes. Maintenant il va prendre l'offensive; et pour atteindre le mal dans sa source, c'est aux jésuites qu'il va s'attaquer. La quatrième lettre touche déjà au point capital : les jésuites cherchent les moyens d'innocenter le pécheur.

Que faut-il, demande Montalte à un Père jésuite, pour qu'une action nous soit imputée à péché? — Il faut que Dieu nous donne, avant que nous ne le commettions : 1° la connaissance du mal qui s'y trouve, 2° une inspiration nous excitant à l'éviter. — Mais ceux qu'on appelle pécheurs sont précisément des hommes en qui ces deux conditions ne sont pas réalisées; car si elles l'étaient, le péché serait impossible. Il n'y aura donc plus de péché dans la vie réelle, et c'est à bon droit que l'on crie, en voyant passer le Père Bauny : *Ecce qui tollit peccata mundi.*

Nous soutenons, quant à nous, reprend le Père jésuite, que ces conditions sont toujours réalisées.

Elles le sont par une grâce actuelle que Dieu accorde toujours à tous les hommes. — Mais ceci est une question de fait. Les faits ne dépendent pas de nous. Nous devons nous y soumettre. Or, selon l'expérience, ceux qui sont plongés dans le vice et l'impiété manquent précisément de la connaissance et de l'inspiration, sans lesquelles vous dites qu'il n'y a point de péché. — Les justes du moins ont toujours l'une et l'autre. — Ignorez-vous donc qu'il y a des péchés dont on n'a pas conscience; que l'homme peut se porter à des actions mauvaises en les croyant bonnes, et qu'il n'en est pas moins coupable? Autrement, comment les justes auraient-ils des fautes cachées? Comment serait-il véritable que les plus saints doivent toujours demeurer dans la crainte et le tremblement, selon l'Écriture? Ne dites donc plus, avec vos nouveaux auteurs, qu'on ne saurait pécher quand on ignore la justice. Mais plutôt dites, avec saint Augustin : *Necesse est ut peccet, a quo ignoratur justitia.* — Péché d'ignorance n'est point péché. — La seule ignorance qui nous puisse absoudre, c'est celle du fait, non celle du droit. »

Ainsi se poursuit l'entretien avec le Père jésuite. Celui-ci est très obligeant, très affectueux, très doux, très adroit. Il continuerait la conversation avec plaisir, si l'on ne venait l'avertir que Mme la Maréchale de..., Mme la Marquise de... le demandent. Montalte ne lui a pas ménagé son admiration pour les belles conséquences de ses doctrines. Mais déjà il mêle quelque gravité à la plaisanterie. Car déjà le sujet n'est plus de pure théologie : il touche à la morale. Si les jésuites ont raison, l'action transitoire est tout, l'être intime et permanent n'est rien. Et même les actions sont d'autant plus excusables qu'elles partent d'une âme plus corrompue et plus inconsciente. Pour Pascal, l'être est le principal, et nos actions tirent leur signification morale de ce fond de notre âme, où parfois notre conscience ne peut atteindre. Cependant, il ne peut se borner à cette réfutation indirecte de la pratique des jésuites. Déjà il a pris connaissance de leurs écrits moraux : il en a été effrayé. Et il a compris que le relâchement de leur morale était la vraie cause de leur doctrine touchant la grâce. S'ils maintenaient les grands devoirs de la vie chrétienne, le renoncement à soi et l'amour de Dieu, ils ne pourraient se soustraire à la nécessité d'attendre de Dieu seul la force de les accomplir. Mais pour pratiquer une morale toute païenne, la nature suffit. L'homme n'a que faire de la grâce pour exécuter de simples actes matériels, sans souci de la transformation de son âme.

Dès maintenant donc, Pascal médite un changement de méthode. Au lieu de s'attarder à discuter des thèses théologiques, il se jettera en pleine réalité. Il montrera ce que les jésuites font de nos devoirs les plus sacrés, comment ils entendent la direction des âmes, quelles sont les fins qu'ils poursuivent, quels moyens ils emploient pour les réaliser. C'est au public que s'adresse Pascal. Or le public est principalement touché, et avec raison, des préceptes relatifs à la vie pratique.

Pascal s'est peu à peu passionné pour une œuvre où il ne voyait d'abord qu'une occasion de servir ses amis. Maintenant il veut tout dire, il veut tout faire pour briser un pouvoir qu'il juge fatal à l'Église. Pour être plus libre, il garde l'anonyme. Il va se cacher, sous le pseudonyme de M. de Mons, dans l'auberge du Roi David, rue des Poirées, derrière la Sorbonne et vis-à-vis le collège des jésuites. Un jour il risque d'être pris. Mais son beau-frère M. Périer réussit à éconduire le bon Père, sans que celui-ci aperçoive les exemplaires de la récente *Provinciale*, qui sèchent sur le lit; et tous deux en font des gorges chaudes. Il s'applique à sa tâche de toutes ses forces. Il lit deux fois en entier la *Petite théologie morale* d'Escobar. Il examine attentivement tous les textes que lui fournissent ses amis. Il travaille de plus en plus ses *Lettres*. Il y apporte une contention d'esprit, un soin inimaginables. Il reste vingt jours entiers sur une même lettre. Il en est qu'il recommence sept et huit fois. Il recommença, dit-on, treize fois la dix-huitième. C'est qu'il sait combien le vrai, à lui seul, sans la force de l'expression, est impuissant à secouer l'indifférence et la frivolité des hommes. Il veut mettre en œuvre tout l'art dont il est capable. Et il sait que l'art n'est parfait que s'il réussit à se rendre invisible. L'art ne s'achève que dans le naturel, si difficile à notre nature faussée.

C'est vraiment une comédie que Pascal imagine. Montalte, désireux de s'instruire sur la morale des jésuites, consulte un bon casuiste de la société, une de ses anciennes connaissances, qu'il renouvelle exprès. Il en reçoit le meilleur accueil. Ce bon Père, raconte-t-il, me fit d'abord mille caresses, car il m'aime toujours; et, insensiblement, nous entrâmes en matière. Montalte trouve incroyable que les jésuites soient effectivement assez habiles pour ôter la malice de tous les péchés, et il exprime ses doutes. Avec une obligeance et un à-propos qui ne se démentent jamais, le bon Père répond à chaque question par le texte approprié, décisif, prouvant de façon évidente que la Société n'a pas été calomniée. Montalte s'émerveille; par une progression insensible, il induit l'imprudent apologiste à citer des affirmations de plus en plus éhontées, jusqu'à ce qu'enfin le jeu cesse, pour faire place à une lutte terrible.

Dès la cinquième lettre, Pascal vise l'ennemi au cœur. Alors que le Dieu des chrétiens ne reconnaît comme ses serviteurs que les hommes humbles et d'intention pure, dégagés des ambitions terrestres, les jésuites se sont avisés de prétendre qu'il importe au bien de la religion que leur crédit s'étende partout, et qu'ils gouvernent toutes les consciences. C'est sur leur empire qu'ils mesurent celui de Dieu. Or pour séduire les hommes et les ranger sous leur domination, ils leur persuadent que Dieu ne leur demande que des vertus humaines et naturelles : ils ravalent notre devoir à notre pouvoir, à notre faiblesse, à notre lâcheté. Ils font fléchir la règle pour l'ajuster au sujet qui doit lui être conforme; ils corrompent la loi pour qu'elle convienne à notre corruption. Et ainsi, ils diversifient les préceptes, les faisant à volonté sévères ou faciles, païens ou chrétiens, selon les personnes qu'il s'agit de gagner. Tel est l'esprit de la Société, tel est le principe des nouveautés qu'ils ont introduites. Entre leurs mains, la religion est devenue une politique, la morale une casuistique.

Le fondement de leur système est la doctrine scolastique des opinions probables. Les jésuites, en se l'appropriant, y ont mis leur marque. Leur probabilisme consiste à assimiler les vérités de la conscience et de la foi aux choses naturelles que nous ne connaissons que par le témoignage des hommes. Tel événement s'est-il passé à Rome? Il est juste que sur ce point je m'en rapporte à un témoin de grand poids. Est-il permis de mentir, de voler, de tuer? La question, pour les jésuites, est de même nature. Elle se résout en consultant les docteurs graves, notamment les casuistes de leur compagnie. Une opinion est probable, et peut être reçue en sûreté de conscience, dès qu'elle a pour elle l'autorité de quelque homme savant. Le témoignage d'un seul docteur grave suffit à rendre une opinion probable. Dans le cas de contradiction entre les docteurs, l'une et l'autre des opinions contraires est probable. L'opinion la moins probable est encore probable. Et ainsi ma conscience m'est inutile, il me suffit de celle de Basile Ponce ou du père Bauny.

C'est contre ce probabilisme que Pascal dirige ses premiers coups. Que faites-vous, dit-il, du sentiment des Pères, lorsqu'il est contraire à l'opinion de quelques-uns de vos casuistes? — Les Pères, répond le Père jésuite, étaient bons pour la morale de leur temps, mais ils sont trop loin de nous pour nous diriger. Nous qui gouvernons les consciences, nous les lisons peu, et nous ne citons que les nouveaux casuistes : Villalobos, Conink, Llamas, Achokier, Dealkozer, Dellacruz, etc., etc., dont le plus ancien ne date pas de quatre-vingts ans.

C'est ainsi que Pascal convainquait les jésuites de mépris des Pères et d'innovation en matière morale. Le jour même où paraissait cette cinquième Provinciale, le 20 mars 1656, les solitaires de Port-Royal, poursuivis en conséquence de la condamnation d'Arnauld, étaient obligés de se disperser. Et l'on s'attendait à des mesures plus graves, telles que l'éloignement des confesseurs et la dispersion des religieuses.

Tandis que Port-Royal était ainsi dans l'affliction et dans l'inquiétude, le Seigneur, tout à coup, fit éclater un prodige en sa faveur. Le 24 mars 1656, Marguerite Périer, nièce de Pascal, fut guérie d'un ulcère lacrymal à Port-Royal-de-Paris, par l'attouchement d'une épine de la couronne de Notre Seigneur. L'impression fut profonde au monastère et à l'extérieur. Pendant que la foi des jansénistes se fortifiait de cette constatation de la bienveillance divine, les jésuites publiaient des libelles où ils exhalaient leur mécontentement. On laissa les solitaires rentrer à Port-Royal-des-Champs, on ne parla plus d'enlever aux religieuses leurs confesseurs. Quant à Pascal, il venait précisément de dire à un libertin, quelques jours auparavant, qu'il croyait les miracles nécessaires, et qu'il ne doutait pas que Dieu en fît, maintenant encore. Il jugea que Dieu s'était intéressé à la parole qu'il avait ainsi donnée en son nom, et il fut saisi d'une joie très vive et d'une ardeur nouvelle. Aux violences des persécuteurs il pouvait maintenant opposer la voix sainte et terrible de Dieu lui-même. Dix-sept jours après le miracle paraissait la sixième Provinciale; et l'attaque, de plus en plus pressante, allait se poursuivre, à coups redoublés, dans quatre autres lettres, du 25 avril au 2 août 1656.

Comment, demande Montalte à son interlocuteur, vos casuistes accordent-ils les contrariétés qui se rencontrent entre leurs opinions et les décisions des papes, des conciles et de l'Écriture?

La question n'embarrasse nullement le bon Père. Les jésuites ont étudié et savamment résolu la difficulté. Certes, ils auraient bien voulu n'établir d'autres maximes que celles qu'on trouve dans l'Évangile. Mais les hommes sont aujourd'hui si corrompus, que, ne pouvant les faire venir à soi, il faut bien que l'on aille à eux. Le point capital, c'est de ne rebuter qui que ce soit, de ne point désespérer le monde.

C'est pourquoi les casuistes ont imaginé, en premier lieu, la méthode de l'interprétation ou de la définition. Ainsi, le pape Grégoire XIV déclare les assassins indignes de jouir de l'asile des églises. Comment, malgré cela, le leur permettre? Il suffit de définir les assassins, ceux qui ont reçu de l'argent pour tuer quelqu'un en trahison. Dès lors, la plupart de ceux qui tuent cessent d'être des assassins.

Un second moyen est la remarque des circonstances favorables. Ainsi, les papes ont excommunié les religieux qui quittent leur habit. Mais, remarque le casuiste, les bulles ne parlent pas des cas où ils le quitteraient pour aller filouter, ou pour aller incognito en des lieux de débauche, ou pour quelque autre fin du même genre. Si donc ils quittent leur habit à de telles fins, ils n'encourent aucune excommunication.

Un troisième moyen est la double probabilité du pour et du contre. Quand le pour et le contre sont probables, ils sont sûrs. Or de ce qu'un pape, par exemple, prononce dans un sens, en s'attachant à l'affirmative, il ne s'ensuit pas que la négative n'ait aussi sa probabilité. Toute opinion inventée par un docteur grave devient probable avec le temps, et peut être suivie en toute sûreté, du moment que l'Église ne l'a point contredite.

Par l'emploi convenable de ces méthodes, ces bons Pères empêchent une infinité de péchés, soit communs, soit relatifs aux diverses conditions. Bénéficiers, prêtres, religieux, valets, gentilshommes, juges, gens d'affaires apprennent à éluder les commandements spéciaux qui les concernent. Les bénéficiers, désormais, peuvent pratiquer la simonie, les prêtres dire la messe après un péché mortel, les religieux désobéir à leurs supérieurs.

Quelques procédés particuliers sont précieux dans certains cas : telles la méthode de diriger l'intention, et la doctrine des équivoques et des restrictions mentales.

Quand ces bons Pères ne peuvent empêcher l'action, ils purifient l'intention, et ainsi ils corrigent le vice du moyen par la pureté de la fin. Le précepte est d'avoir en vue un objet permis. Ainsi le duel est sans péché, si l'on dirige son intention à l'accepter, non pour tuer, mais pour défendre son honneur ou sa fortune. Un fils peut désirer la mort de son père, pourvu que l'objet final de son désir soit, non de le voir mourir, mais d'hériter de lui.

La doctrine des équivoques et celle des restrictions

mentales sont très utiles pour permettre le mensonge. La première prescrit d'user de termes ambigus, en faisant en sorte qu'ils soient entendus autrement qu'on ne les entend soi-même. La seconde prescrit de sous-entendre en sa pensée quelque circonstance propre à ôter le mensonge, sans que les paroles dont on se sert puissent en aucune façon le faire connaître. Par exemple : Je jure que je ne l'ai pas fait (avant que je fusse né).

Il est admirable combien de péchés sont enlevés par ces inventions. Non pas tous pourtant. Ainsi l'on demande si les jésuites peuvent tuer les jansénistes. — Ils ne le peuvent sans péché, parce que les jansénistes n'obscurcissent non plus l'éclat de la Société qu'un hibou celui du soleil.

Le fruit d'un si beau zèle est la dévotion aisée. Désormais les hommes ont les moyens de se sauver sans peine, parmi les douceurs et commodités de la vie. Les bons Pères savent des dévotions à la mère de Dieu faciles à pratiquer, qui suffisent à nous ouvrir le Paradis. Et qu'importe par où nous entrions dans le Paradis, pourvu que nous y entrions ! Désormais il n'est guère de péché mortel qui ne puisse être converti en péché véniel. Soit, par exemple, l'ambition. Si vous désirez les grandeurs pour offenser Dieu plus commodément, c'est assurément un péché mortel; mais dans tout autre cas, ce n'est qu'un péché véniel. Et les péchés véniels n'empêchent pas d'être dévot. Les bons Pères ont si bien adouci les difficultés de la confession, que les crimes s'expient aujourd'hui avec plus d'allégresse qu'ils ne se commettaient jadis. La contrition n'est plus nécessaire : il suffit de l'attrition, qui se définit : la honte d'avoir commis le péché, ou encore la crainte des peines de l'enfer, sans aucun mouvement d'amour de Dieu.

L'amour de Dieu, c'est à nous dispenser de ce premier des devoirs que tendent tous les efforts de ces prétendus chrétiens. Ils enseignent qu'il suffit de faire les œuvres, en n'ayant pour Dieu aucune haine. On exécute les pratiques machinalement, sans donner son cœur. On dit de temps en temps l'*Ave Maria*; on porte un chapelet au bras, un rosaire dans sa poche. Et l'on compte sur l'effet magique de ces dévotions. La licence qu'on a prise d'ébranler les règles de la conduite chrétienne se porte aux extrémités. On viole le grand commandement, qui comprend la loi et les prophètes. On attaque la piété dans son essence, on en ôte l'esprit qui donne la vie. On dit que l'amour de Dieu n'est pas nécessaire au salut. On va jusqu'à prétendre que cette dispense d'aimer Dieu est l'avantage que Jésus-Christ a apporté au monde. C'est le comble de l'impiété. Le prix du sang de Jésus-Christ sera de nous obtenir la dispense de l'aimer! Ainsi on rend dignes de jouir de Dieu dans l'éternité ceux qui n'ont jamais aimé Dieu en toute leur vie! Voilà le mystère d'iniquité accompli.

Tel est le cri d'horreur que le dernier trait de la morale des jésuites arrache à Pascal. La fiction qui avait fait le cadre des Provinciales tombe du même coup. Montalte ne retournera pas chez le bon Père. L'heure n'est plus à la comédie, même tragique sous son enveloppe d'ironie. Les *Petites Lettres* ne seront plus la plaidoirie d'un avocat, si ardent qu'on le suppose. C'est maintenant Pascal lui-même, seul en face de la Compagnie.

Une nouvelle lutte avait, de fait, succédé à la querelle d'Arnauld. Émus des doctrines que signalaient les *Provinciales*, les curés se concertaient pour déférer à l'Assemblée générale du clergé de France les propositions signalées. De leur côté, les jésuites, silencieux pendant plusieurs mois, ripostèrent quand Pascal en vint à flétrir la casuistique. Ils publièrent réponse sur réponse, et se défendirent en attaquant à leur tour celui qu'ils appelaient le secrétaire de Port-Royal. Ils lui reprochaient de rendre à dessein ridicules les choses sacrées, de faire appel aux instincts lubriques des lecteurs, de citer inexactement, de rendre les jésuites responsables de doctrines communément reçues et antérieures à ces Pères, d'attribuer à toute la Société les paradoxes de quelques individus plus ou moins obscurs.

Pascal sent s'éveiller en lui une indignation, une vigueur nouvelles. Ce que j'ai fait jusqu'ici, répond-il en reprenant un mot de Tertullien, n'est qu'un jeu avant le véritable combat. Il va se défendre sans ménagements, découvrant jusqu'au fond la perversité de ses adversaires.

Comment osez-vous dire que j'ai tourné en raillerie les choses saintes? Est-ce rire de la religion que de rire de ceux qui la profanent? Serait-il donc défendu de combattre l'erreur par la moquerie? De même que la vérité est digne, non seulement d'amour, mais de respect; ainsi l'erreur renferme, avec l'impiété qui la rend horrible, l'impertinence qui la rend ridicule. Dieu lui-même a dit aux pécheurs : *In interitu vestro ridebo.* En vérité, c'est un étrange zèle, de s'irriter contre ceux qui accusent des fautes publiques, et non contre ceux qui les commettent. Mais voulez-vous, mes Pères, voir des exemples de bouffonnerie impertinente, ouvrez vos écrits; lisez la *Dévotion aisée*, l'*Éloge de la pudeur* de votre P. Lemoyne, où la galanterie le dispute à l'insolence.

Vous m'accusez d'imposture. Mais je n'ai fait que citer textuellement les opinions de vos meilleurs auteurs, Vasquez, Escobar, Lessius. D'où vient que, quand un de vos Pères rapporte avec éloge les sentiments de Vasquez, parce qu'il les trouve probables et commodes pour les riches, il n'est ni calomniateur, ni faussaire, au lieu que si je rapporte ces mêmes sentiments, je suis un faussaire et un imposteur? La raison en est simple : vous êtes forts et je suis faible; vous êtes un corps puissant, et je suis seul; vous avez pour vous la violence, je n'ai, moi, que la vérité. Étrange guerre que celle où la violence essaye d'opprimer la vérité! Elles ne peuvent s'atteindre, elles ne sont pas de même ordre. Les discours ne peuvent briser la violence, mais la violence est sans force contre la vérité. Et tandis que celle-ci n'a qu'un cours borné par l'ordre de Dieu, celle-là est éternelle comme Dieu même.

L'une des impostures que vous me reprochez, continue Pascal, est ce que j'ai dit de vos maximes touchant l'homicide. Il faut admirer ici votre conduite. Vous distinguez la spéculation et la pratique, déclarant que, pour un soufflet reçu, par exemple, l'opinion suivant laquelle l'homicide est permis est probable dans la spéculation, mais que, dans la pratique, vu l'intérêt de l'État, elle ne saurait être recommandée. Puis vous dites que, pourvu qu'on évite les inconvénients relatifs à l'État, l'homicide en question est permis, même dans la pratique. Et ainsi votre distinction de la spéculation et de la pratique n'est qu'un stratagème pour arriver à excuser l'homicide.

Objecterez-vous que vous n'attribuez cette opinion qu'à quelques théologiens? Mais cela suffit, selon votre doctrine des opinions probables, pour qu'on la puisse suivre en conscience. On retrouve ici votre politique. Pour excuser le péché vous avez des textes : pour réfuter ceux qui vous convainquent d'excuser le péché, vous en avez d'autres. Cœurs doubles, c'est à vous que s'adresse la malédiction divine : *Væ duplici corde et ingredienti duabus viis!*

Quelques jours après la publication de cette treizième Lettre, le 16 octobre 1656, le pape Alexandre VII condamnait les cinq propositions, tirées, disait la bulle, du livre de Jansénius, et cela, dans le sens où les avait entendues Jansénius.

Pascal ne touche pas, pour le moment, à cette question épineuse. Mais il redouble d'énergie dans sa réfutation des maximes morales de la Société. Il reprend le sujet de l'homicide, et écrit cette quatorzième Lettre, l'une des plus terribles, qui fit perdre tout sang-froid au père Nouet. Il y montre les jésuites, contre tous les canons de l'Église, contre l'autorité des Pères, des saints et de l'Écriture, appuyant sur des raisonnements impies des maximes diaboliques. Tandis que les lois divines et humaines visent à interdire entièrement l'homicide, les jésuites s'ingénient à l'autoriser. Ils admettent qu'on tue pour un soufflet, pour une médisance, pour une parole outrageuse. On a droit de tuer qui veut nous voler six ducats, même qui veut nous voler une pomme, si seulement il est honteux de la perdre.

Pour qui donc veulent-ils qu'on les prenne? Pour des enfants ou pour des ennemis de l'Évangile? Jésus-Christ a mis son honneur à souffrir, le diable a mis le sien à ne point souffrir. Jésus-Christ a dit : Malheur à vous, quand les hommes diront du bien de vous! Et le diable : Malheur à ceux qui sont privés de l'estime du monde! De quel côté sont les jésuites? Ils ont pu faire condamner leurs adversaires à Rome; mais eux, c'est Jésus-Christ qui les condamne dans le ciel.

D'où vient pourtant qu'ils séduisent même des âmes pieuses? Il faut, pour s'en rendre compte, pénétrer un mystère odieux de leur conduite. Ils ont érigé la calomnie en tactique. Ils se sont dit : on jugera impossible que des religieux commettent un pareil crime, et on nous croira sur parole. Ils se sont donc appliqués à ôter le péché de la calomnie, en professant qu'il n'y a point péché mortel à calomnier pour conserver son honneur. Et ils se sont aisément persuadé que toute attaque dirigée contre leur société était une attaque contre Dieu. Dès lors, ils se sont mis à forger des écrits pour rendre leurs ennemis odieux. Ils procèdent en général par insinuations vagues, ils allèguent des crimes abominables qu'ils n'oseraient rapporter. Or, toutes les fois qu'ils accusent ainsi sans preuves, il suffit de leur répondre : *Mentiris impudentissime.*

C'est ainsi qu'ils ont calomnié de pieux ecclésiastiques et de saintes religieuses. Ils les accusent d'intelligence avec Genève, alors que ces personnes ont horreur des doctrines de Calvin. Ils les accusent de former une cabale pour élever le déisme sur les ruines du christianisme. Cruels et lâches persécuteurs! Le ciel même vous a répondu par le miracle de la Sainte Épine!

Cependant les jésuites, de plus en plus acharnés contre l'auteur des Provinciales, le traitent personnellement d'hérétique en le comprenant dans le Port-Royal.

Je ne suis pas de Port-Royal, répond Pascal, qui n'y avait point d'établissement, et dont la pensée était restée pleinement indépendante. Je suis seul, je n'ai d'attache sur la terre qu'à la sainte Église catholique, apostolique et romaine. Je n'espère rien du monde, je n'en appréhende rien. J'échappe à vos prises, et toutes vos violences contre le Port-Royal ne sauraient vous soustraire à mes coups. Quant aux propositions impies que vous m'accusez de soutenir, je les déteste de tout mon cœur. Je crois, en particulier, expressément, que Jésus-Christ est mort pour les damnés mêmes, et non pour les seuls prédestinés.

Au reste, il est faux que l'Église soit divisée par une nouvelle hérésie, comme vous voulez le faire croire. Ceux que vous appelez jansénistes repoussent, comme hérétiques et luthériennes, les cinq propositions incriminées. Ils nient simplement que ces propositions se trouvent mot à mot dans Jansénius. Or, ceci est une question de fait, et nul n'a le droit ni le moyen de régenter les consciences sur les questions de fait. Ces questions ne dépendent que des sens et de la raison. Sur des points de fait des papes ont erré. Le décret que vous obtîntes contre Galilée empêche-t-il la terre de tourner, et vous de tourner avec elle? Il ne saurait être de foi qu'un écrit contient en effet l'erreur que l'Église y suppose.

C'est sur la question de fait que Pascal, revenu à l'affaire Arnauld, concentre maintenant le débat. Il affirme, sur la foi de ses amis, que les propositions ne figurent pas littéralement dans l'*Augustinus*. En réalité, elles s'y trouvent à peu près. Mais il est visible que Pascal n'eût pas admis davantage qu'on le forçât à dire qu'elles ne s'y trouvent pas. Il proteste contre la question elle-même. Le savant et le philosophe s'élèvent en lui contre la confusion des méthodes.

Il ne fuit pas d'ailleurs la discussion relative au fond. Il a réfléchi pour son compte sur la matière, et il ne voit aucune incompatibilité entre le pouvoir de résister à la grâce, qu'admettent les nouveaux thomistes, et l'infaillibilité de l'effet de la grâce, enseignée par saint Augustin. Son étude de l'infini mathématique lui a donné le pressentiment d'une logique supérieure à la logique de l'entendement proprement dit, au regard duquel les contraires s'excluent. En Jésus-Christ le fini et l'infini coïncident. De même le libre arbitre et la grâce, considérés dans leurs principes, ne sont pas deux choses incompatibles, qui ne peuvent s'accorder qu'en se limitant l'une l'autre. Ils coexistent sans se diminuer réciproquement; ils sont, dans le fond, intimement unis : c'est notre entendement seul qui les sépare. La grâce elle-même fait que nous coopérons librement avec elle dans l'œuvre de notre salut.

Si ceux qu'on appelle jansénistes admettent ainsi la coopération du libre arbitre, d'où vient l'obstination des jésuites à leur faire avouer que des propositions qu'ils condamnent se trouvent dans Jansénius? Cette conduite encore est une tactique. Les jésuites se proposent d'abolir la grâce efficace de saint Augustin et de la doctrine chrétienne, qui les convainc d'impiété et de paganisme. Mais ils n'osent s'attaquer ouvertement à saint Augustin lui-même. Ils divisent la difficulté. Ayant remarqué que la grâce de saint Augustin fait le fond du livre de Jansénius, ils forgent, au moyen d'extraits de ce livre, des propositions dont le sens apparent est hérétique; et, sans prouver que Jansénius les ait prises en ce sens, ils demandent que l'on signe la condamnation du livre. Cette condamnation une fois reconnue, ils n'auront pas de peine à montrer que la grâce que soutient Jansénius est vraiment la grâce de saint Augustin; et celle-ci tombera avec son défenseur.

Cependant l'Assemblée du clergé de France, ayant reçu le 17 mars 1657 la bulle d'Alexandre VII, peu avant que Pascal publiât la dix-huitième Provinciale, rédigea un formulaire condamnant Jansénius, que devaient signer les ecclésiastiques. L'anxiété dont on fut saisi à Port-Royal toucha Pascal, qui prit la plume pour écrire une dix-neuvième Provinciale. « Consolez-vous, mon Père, dit-il au P. Annat, ceux que vous haïssez sont affligés. » Mais, soit qu'il fût rassuré par l'opposition énergique qui se manifesta contre cette mesure, même chez beaucoup d'évêques, soit qu'il craignît d'exaspérer, en les confondant de plus en plus, la violence des ennemis de Port-Royal, il renonça à la lutte. Les *Provinciales* se terminent au milieu d'une phrase.

Le succès qu'elles avaient eu dès le début ne fit que s'accroître. La traduction latine que Nicole en publia en 1658 trouva plus de faveur encore que le texte même, et les rendit populaires dans toute l'Europe. La conscience publique fut avec Pascal. Mais Rome condamna l'ouvrage comme hérétique. Les évêques et la Sorbonne, sous la pression du gouvernement, le condamnèrent, eux aussi; et un arrêt du Conseil d'État, du 23 septembre 1660, porta que le livre intitulé *Ludovici Montaltii Litteræ Provinciales* serait lacéré et brûlé par les mains de l'exécuteur de la haute justice.

Pascal ne s'émut pas de ces condamnations. Si mes *Lettres* sont condamnées à Rome, ce que j'y condamne est condamné dans le ciel, écrit-il dans ses notes. Et il ajoute : *Ad tuum, Domine Jesu, tribunal appello*. Un an avant sa mort, comme on lui demandait s'il se repentait d'avoir fait les *Provinciales* : « Je réponds, dit-il, que loin de m'en repentir, si j'étais à les faire, je les ferais encore plus fortes. »

CHAPITRE VII

DERNIÈRES ANNÉES. — LA ROULETTE.

Le miracle de la Sainte Épine, survenu pendant la lutte avec la Société de Jésus, avait fortement touché Pascal. Il y avait vu la marque des desseins de Dieu sur lui. Son zèle déjà grand pour la conversion des pécheurs et des incrédules en fut accru. Et comme il savait maintenant à quel point l'esprit du siècle peut régner dans l'Église elle-même, il fut plus exact que jamais à recommander autour de lui le pur esprit de l'Évangile.

Le miracle même dont il avait été témoin fit de lui l'instrument d'une conversion remarquable. Parmi les personnes qui vinrent alors à Port-Royal faire leur dévotion devant la Sainte Épine se trouvait Mlle de Roannez, sœur du duc de Roannez, que Pascal connaissait depuis 1650, et qu'il avait converti peu de temps après sa propre conversion définitive. Elle avait vingt-trois ans. Elle était tout à fait dans le monde. Touchée de la grâce, elle eut l'idée de se faire religieuse. Elle s'en ouvrit à quelques personnes de Port-Royal, peut-être tout d'abord à Pascal, qu'elle ne pouvait manquer de connaître, puis, par lui, à M. Singlin. Et elle refusa un mariage que lui proposait son frère. Puis du Poitou, où celui-ci l'avait emmenée pour qu'elle s'examinât, elle engagea une correspondance avec Pascal. Elle lui envoie des reliques du Poitou. Pascal lui fait part, en échange, de prières à dire à trois heures de l'après-midi. La question qu'ils vont agiter est la suivante : Mlle de Roannez doit-elle rester dans le monde ou en sortir?

Pascal l'invite à méditer cette parole d'une sainte : qu'il ne faut pas examiner si on a vocation pour sortir du monde, mais seulement si on a vocation pour y demeurer, comme on ne consulterait point si on est appelé à sortir d'une maison pestiférée, mais si on doit y rester. C'est en ces termes qu'il faut poser la question, étant donné qu'il faut prendre en toutes choses le parti le plus sûr.

Cependant Mlle de Roannez sent en elle une douloureuse anxiété, et hésite à se détacher.

La souffrance, répond Pascal, n'est pas un obstacle : c'est un signe de vocation. Certes, quand on vient à suivre volontairement celui qui nous entraîne, on ne sent pas son lien. Mais quand on commence seulement à combattre son penchant et à marcher, on souffre bien. La souffrance est le sentiment de la lutte qui se livre en nous entre la concupiscence et la grâce. Et Pascal accumule les textes, les arguments propres à convaincre l'esprit un peu flottant de la jeune fille. Il les expose avec cette éloquence lumineuse, passionnée, énergique et presque violente, qui, en même temps qu'elle force l'adhésion de l'intelligence, étonne la volonté. Il suit pas à pas les mouvements intérieurs de la jeune fille, comme un directeur de conscience très expérimenté et très attentif. Il fait plus : il se met lui-même dans ses lettres, il réveille les souffrances et les émotions de sa propre conversion, il communique à sa correspondante ses angoisses au sujet des affaires présentes et des destinées de l'Église, il établit une communion entre l'âme timide et faible de la jeune fille et sa propre âme, si pleine de Dieu, si ardente, si puissante, si impérieuse.

Les lettres de Pascal sont une source de force pour Mlle de Roannez. Elle les désire. Elle se plaint, lorsque Pascal écrit à son frère sans y joindre des paroles pour elle. Pascal l'encourage. Je suis bien content de vous, lui écrit-il. J'admire que votre zèle se soutienne, car il est bien plus rare de continuer dans la piété que d'y entrer.

Cependant Mlle de Roannez s'aperçoit que de nouveau une tristesse et une amertume lui pénètrent l'âme. De quelle nature est cette souffrance? Vient-elle de Dieu ou vient-elle de l'homme? Est-ce la tristesse qui tue, ou celle qui ressuscite?

Comme elle était dans cet état d'esprit, elle revint à Paris. Alors elle revit Pascal, et sa résolution fut désormais inébranlable. Elle en parla à sa mère, qui chercha à le retenir. Elle se sauva à Port-Royal.

Tant que Pascal vécut, elle brava les efforts que l'on fit pour la rendre au monde. En vain les jésuites réussirent-ils à l'arracher de l'abbaye. Elle vécut en religieuse chez sa mère. Pascal mort, elle se révolta contre la direction grondeuse d'Arnauld, se fit relever de ses vœux, et épousa à trente-quatre ans le duc de la Feuillade. Elle fut alors frappée dans ses enfants, dont le premier mourut sans baptême, dont le second naquit contrefait. Après avoir subi des opérations terribles, elle mourut à cinquante ans, en 1683. Dès 1671 elle s'était repentie, et avait fait un legs à Port-Royal. Elle avait conservé des lettres de Pascal, elle y trouva le moyen de sanctifier ses douleurs, elle y puisa la consolation. Elle acheva sa vie, en pensée, dans ce Port-Royal, où elle avait connu la joie.

La correspondance avec Mlle de Roannez avait une fois de plus révélé à Pascal sa vocation de conducteur d'âmes. Il fit désormais servir toutes ses réflexions au grand dessein qu'il avait formé d'écrire un ouvrage contre les athées, non seulement pour les confondre, mais pour les ébranler et les mettre dans la voie de la conversion. Lui qui avait vécu dans le monde, il n'ignorait pas la grande vogue du libertinage. Il savait que Mersenne comptait dans Paris cinquante mille athées, plus dangereux que les Ottomans. Il était souvent visité par des personnes qui trouvaient des difficultés dans la religion, par des esprits forts qui venaient pour disputer avec lui contre les dogmes de la foi.

Le miracle de la Sainte Épine lui suggéra de nombreuses réflexions qui semblent avoir été le point de départ de son travail. Mais la vraie cause était dans tout le passé et dans le génie de Pascal. Il n'eût pu se contenter d'une piété solitaire, et jouir en égoïste de la grâce divine. Il voulait être le canal par où elle se répand, et faire servir au bien des autres, avec ses facultés, les lumières qu'il avait acquises.

Persuadé que le plus grand bienfait des sciences était de nous mettre en possession de méthodes propres à démontrer, autant qu'elles peuvent l'être, les vérités de la religion, il prétendit faire voir, en ce sens, que la religion chrétienne avait autant de marques de certitude que les choses qui sont reçues dans le monde pour les plus indubitables. Cependant il songea que ceux qu'il combattait dans les *Provinciales* faisaient profession, eux aussi, de ramener à l'Église les incrédules. Or leurs principes n'étaient propres qu'à faire échanger une impiété contre une autre. Il ne suffisait donc pas de combattre les ennemis du dehors, il fallait combattre aussi ceux du dedans. C'était au christianisme véritable, à celui qui régénère et qui sauve, non à un vain simulacre de la religion du Christ, qu'il s'agissait de convertir les hommes. Et ainsi, son ouvrage sur la religion devait être la condamnation des fausses doctrines des jésuites, en même temps que la réfutation des mauvais raisonnements des libertins.

Pour composer cet ouvrage, il lut et relut l'Écriture et les Pères, principalement saint Augustin. Il se servit aussi d'un ouvrage du XIIIe siècle, dirigé surtout contre les juifs, qui venait d'être réimprimé à Paris en 1651, le *Pugio fidei* du dominicain catalan Raimond Martin. Mais surtout il médita; il donna un soin particulier à l'ordre des pensées, qui, selon lui, faisait la force du discours.

Ayant déterminé les lignes principales de son plan, il l'exposa un jour à Port-Royal dans une conférence qui dura deux ou trois heures. Ces Messieurs furent charmés de son discours, et jugèrent qu'ils n'avaient jamais rien entendu de plus beau, de plus fort, de plus touchant ni de plus convaincant. Pascal sans doute, aurait pu, dès cette époque, c'est-à-dire vers 1658, écrire l'ouvrage en peu de temps. Mais il avait accoutumé de travailler infiniment tout ce qu'il composait. Il ne se contentait presque jamais de ses premières pensées ; il refaisait huit et dix fois des pièces que chacun trouvait admirables sous leur première forme. Il continua ses méditations.

Doué d'une excellente mémoire, il écrivait peu. Mais, vers 1658, ses continuels maux de tête l'ayant rendu sujet à l'oubli, il prit l'habitude de noter sur des feuilles éparses les idées qui lui venaient à l'esprit. Son extrême difficulté à se satisfaire donnait lieu de craindre que l'œuvre ne demeurât inachevée, même s'il avait conservé quelque santé. Mais ses infirmités qui devinrent intolérables lui firent tomber la plume des mains avant qu'il eût abordé la composition proprement dite.

Tandis que son état de maladie mettait de plus en plus obstacle à son travail, il en usa pour s'appliquer à son perfectionnement intérieur. Son principe était que l'obéissance aux commandements de Dieu ne suffit pas, mais que le devoir est de réformer notre cœur, de manière à vouloir véritablement et pleinement ce que nous faisons pour honorer Dieu. Or il ne sentait que trop qu'il n'était pas né chrétien. Il avait une humeur bouillante, qui se portait aux excès, une fantaisie d'exceller en tout, une disposition à l'ambition, à l'orgueil, à la révolte. Il avait des affections impétueuses, était enclin à la colère, à l'ironie. Il ressentait, pour la science, une passion telle que, quand il s'y livrait, il oubliait tout le reste Il comprit que la maladie, qui affaiblit le corps, et, par suite, la concupiscence, est l'état naturel du chrétien. Il en accrut encore les effets par la mortification. Il combattit méthodiquement en lui les trois concupiscences de la chair, de l'esprit, de la volonté.

Il portait une ceinture de fer garnie de pointes à l'intérieur, à nu sur la chair; et quand il lui venait quelque pensée de vanité, il se donnait des coups de coude pour redoubler la force des piqûres. Il se refusait tout ce qui est agréable au goût. Il se faisait pauvre pour imiter Jésus-Christ. Il aimait les pauvres avec tendresse; et il empruntait, plutôt que de leur refuser l'aumône. Ayant inventé un système de carrosses-omnibus, qui réussit fort bien, il demanda mille francs par avance sur sa part des bénéfices, pour les envoyer aux pauvres de Blois, que l'hiver de 1662 avait mis dans une grande détresse. L'affaire, par malheur, ne s'arrangea pas.

Il n'est pas croyable à quel point il était exact sur le chapitre de la pureté. Ses actes marquaient, à cet égard, une délicatesse qui excitait l'admiration des plus pieux ecclésiastiques.

Sa vivacité et son impatience avaient fait place à une douceur merveilleuse, particulièrement envers ceux qui l'avertissaient ou l'offensaient.

Il se déprenait de ses plus chères affections. Il tenait maintenant les mathématiques pour futiles, n'estimait les sciences que dans leur rapport à la piété. Il veillait à ce que sa grande tendresse pour les siens n'allât pas jusqu'à l'attachement. Réciproquement, il ne voulait pas que l'on eût de l'attache pour lui. « Je ne suis la fin de personne, disait-il, car je mourrai. » Dans le même temps, il écrivait à Mme Périer qu'engager sa fille dans le mariage, serait, selon l'expression de ces Messieurs de Port-Royal, commettre une sorte de déicide en la personne des deux époux.

Il était observateur scrupuleux des pratiques de la religion. Il prenait un plaisir toujours plus vif à la lecture de l'Écriture Sainte, et il arrivait à la savoir par cœur. Il aimait surtout le psaume CXVIII, où on lit : *quando facies de persequentibus judicium?* Il savait que tout ce que Dieu exige de nous se résume dans l'amour; et, en s'appliquant de toutes ses forces à quitter les plaisirs et à s'humilier, il s'offrait à l'inspiration divine.

Et l'amour descendait en lui. Il sentait en son cœur la présence de Jésus-Christ. Il conversait avec lui.

Console-toi, lui disait le Sauveur, tu ne me chercherais pas si tu ne m'avais trouvé. Je pensais à toi dans mon agonie, j'ai versé telles gouttes de sang pour toi. C'est mon affaire que ta conversion : ne crains point, et prie avec confiance comme pour moi.

Et Jésus lui révélait le mystère de sa double nature. Il a été bien véritablement homme, faible et misérable comme nous et plus que nous. Il a souffert, il s'est vu abandonné, il a été en agonie. Mais, tandis que nos souffrances, passivement subies, sont dissolvantes, les siennes, nées de l'amour, produisent la force et la vie. Et Pascal répondait du fond de son âme : « Seigneur, je vous donne tout! » Lui-même a fixé cet entretien sur le papier dans un fragment intitulé : *Le Mystère de Jésus.* A peine touche-t-il encore à la terre. La vertu ne lui suffit plus. Il cherche la sainteté.

Comment se fait-il pourtant que, à cette même époque nous lui voyions organiser, avec une merveilleuse activité, un concours sur un problème de mathématiques, et écrire, à ce sujet, des lettres et mémoires qui rappellent la plus brillante période de sa vie scientifique?

Une nuit qu'il souffrait d'un grand mal de dents, raconte sa nièce Marguerite Périer, il s'avisa, pour se soulager, de s'appliquer à quelque chose qui lui fît oublier son mal. Et ayant pensé au problème de la Roulette, proposé jadis par le P. Mersenne, et que personne n'avait pu résoudre, il en trouva la démonstration, ce qui le guérit. Il n'eût rien fait de cette solution, si M. de Roannez ne l'eût averti que, dans le dessein où il était de combattre les athées, il devait leur montrer qu'il en savait plus qu'eux en tout ce qui est sujet à démonstration. Sur quoi M. de Roannez lui conseilla de consigner soixante pistoles comme prix proposé à celui qui résoudrait le problème. Pascal ouvrit le concours en juin 1658, fixant le délai à dix-huit mois. Ce temps écoulé, les examinateurs ayant jugé que personne n'avait résolu le problème, Pascal rédigea la démonstration, et employa les soixante pistoles à faire imprimer son ouvrage.

Tel est le récit de Mlle Périer. En réalité, le travail auquel se livra Pascal à cette occasion est considérable. Il médita ses démonstrations pendant plusieurs mois avant de proposer le problème; et il écrivit sous le pseudonyme d'Amos Dettonville, anagramme de Louis de Montalte, un grand nombre de traités et de lettres, en latin et en français.

Si nous devons l'en croire, ce n'est point par amour pour les mathématiques qu'il y revint ainsi. Les mathématiques, écrit-il à Fermat en 1660, sont bonnes pour faire l'essai, non l'emploi de ses forces. Mais dans la même lettre il appelle Fermat le premier homme du monde. Et, en proposant son prix, il dit que son seul objet est d'offrir un hommage public à celui qui trouvera la solution, ou plutôt de déclarer le mérite de ce savant. Il parle de la gloire comme autrefois. Il reprend ceux qui se vantent à tort, comme autrefois. Ne serait-ce pas que, séduit, à son insu même, par cette science qui semblait lui être innée, il s'est oublié une fois encore?

Heureuse faute! Non seulement Pascal envisageait le problème de la Roulette en un sens beaucoup plus général que l'on n'avait fait jusqu'alors, mais il employait des méthodes telles, qu'il doit être compté, ainsi que l'a montré M. Delègue dans un essai sur ses travaux mathématiques publié à Dunkerque en 1869, parmi les créateurs du calcul infinitésimal.

De ce calcul il possède tous les fondements métaphysiques. Il pose en principe que dans les grandeurs continues il y a différents ordres d'infini, tels que les uns sont de purs néants devant les autres : ainsi le point par rapport à la ligne; puis il voit que toute grandeur finie peut être considérée comme divisée en une infinité d'éléments qui seront toujours entre eux comme les grandeurs finies qui leur ont donné naissance. De ces principes il déduit la possibilité de débarrasser les raisonnements géométriques des entraves qu'y apporte l'incommensurabilité des grandeurs continues évaluées en nombres formés d'unités indivisibles et finies; la possibilité de ramener à la ligne droite les éléments des grandeurs les plus diverses; la possibilité de considérer deux grandeurs infiniment voisines dans l'ordre de la succession comme égales entre elles; la possibilité de simplifier l'expression de l'accroissement d'une grandeur, quand cette expression est susceptible de contenir des grandeurs hétérogènes.

Si, en outre de ces principes généraux, il n'a pas formulé les règles propres du calcul infinitésimal, il est certain qu'il a appliqué les plus importantes; et l'on peut prouver qu'il possédait l'art de trouver les tangentes par la méthode des indivisibles.

Ses travaux eurent une influence sur la découverte de Leibnitz. En lisant les lettres de Dettonville, dit ce philosophe, *subito lucem hausi*. Le *Traité de la Roulette*, écrit d'Alembert, sera toujours précieux comme un monument singulier de la force de l'esprit humain, et comme reliant l'un à l'autre Archimède et Newton.

Un objet auquel Pascal n'avait cessé de s'intéresser était la politique, envisagée dans ses principes généraux. Il avait toujours été très exact au service du roi, disant que, dans une république, c'était un grand mal de chercher à instituer un roi, mais que, dans un État où la puissance royale est établie, c'était une sorte de sacrilège de combattre la royauté; car la puissance royale était, non seulement une image, mais une participation de la puissance divine. Il aimait à conférer sur l'éducation des princes, et il ne cachait pas qu'il eût volontiers sacrifié sa vie pour une œuvre aussi importante.

Un jour, vers 1660, il eut l'occasion de donner des conseils à un enfant de grande condition, sans doute le fils aîné du duc de Luynes, âgé alors de quatorze ans. Il lui fit trois discours fort remarquables, dont Nicole a écrit une analyse, neuf ou dix ans après les avoir entendus. Chose étrange, on trouve, dans cette analyse même, l'empreinte du génie de Pascal, tant, comme le dit Nicole, tout ce qu'il disait faisait sur l'esprit une impression ineffaçable.

C'est par l'effet du hasard, dit Pascal au jeune prince, que vous possédez les richesses dont vous vous trouvez maître. De vous-même et par votre nature, vous n'y avez aucun droit. L'ordre en vertu duquel ces biens ont passé de vos ancêtres à vous est un ordre d'établissement, et d'établissement humain. Votre âme et votre corps sont d'eux-mêmes indifférents à l'état de batelier ou à celui de duc. Égalité parfaite avec les autres hommes, voilà votre état naturel. Le peuple, il est vrai, n'en a pas le secret : il croit que la noblesse est une grandeur réelle. Ne lui découvrez pas son erreur, qui est utile à la tranquillité de l'État. Mais, tout en agissant extérieurement selon votre rang, songez à votre condition véritable, et gardez-vous de l'insolence.

Il y a deux sortes de grandeurs, les grandeurs naturelles : science, vertu, santé, force; et les grandeurs d'établissement, créées par la volonté des hommes en vue de la paix, telles que les rangs, les dignités, la noblesse. Dieu a voulu que nous donnions quelque chose aux unes et aux autres. Aux premières nous devons l'estime, aux secondes le respect extérieur. Il faut parler aux rois à genoux. C'est sottise et bassesse de leur refuser cet hommage. Il n'est pas nécessaire, parce que vous êtes duc, que je vous estime, mais il est nécessaire que je vous salue. Au contraire, je passerai devant le géomètre, mais je l'estimerai plus que moi.

Dieu est le roi de la charité : vous êtes, vous, un roi de concupiscence. Agissez donc en roi de concupiscence. Ne prétendez point dominer les hommes par la force, mais contentez leurs désirs, soulagez leur nécessités, mettez votre plaisir à être bienfaisant selon le monde. Ceci, il est vrai, ne mène pas loin; et si vous en restez là, vous vous perdrez en honnête homme, mais vous vous perdrez. Il faut faire plus : il faut mépriser la concupiscence et son royaume, et aspirer à ce royaume de charité où tous les sujets ne désirent que les biens de la charité.

Tandis que Pascal s'appliquait ainsi, sans plus se mêler aux querelles des hommes, à développer la piété en lui-même et chez les autres, il fut brusquement rejeté dans les cruels conflits de la conscience et de la force.

Depuis 1657, la question du formulaire paraissait tombée dans l'oubli, et Port-Royal respirait. Les solitaires, peu à peu, revenaient au désert. Mais en 1661, la cour, qui voulait en finir avec la faction de Retz, et qui considérait Port-Royal comme le foyer de la résistance, demanda que l'on renvoyât toutes les pensionnaires, ainsi que les novices et les postulantes. Les vicaires généraux du cardinal rédigèrent alors un mandement pour ordonner la signature du formulaire. Ce mandement était, paraît-il, concerté avec Port-Royal; on dit même que Pascal avait contribué à la rédaction. Mais les religieuses trouvèrent que, si le mandement était obscur et embarrassé, en revanche le formulaire qui le suivait n'était que trop clair. Et elles furent saisies d'inquiétude à la pensée de signer; car l'ombre même du mal faisait peur à ces saintes filles. On leur demandait de condamner la doctrine de Jansénius comme n'étant pas celle de saint Augustin. Elles appréhendaient que cette distinction ne fût fausse, et qu'en condamnant Jansénius, on ne condamnât en effet saint Augustin.

De toutes les religieuses, la sœur Jacqueline de Sainte-Euphémie fut celle qui témoigna le plus de répugnance. Il n'y a que la vérité qui délivre, écrivait-elle en juin 1661 à la sœur Angélique de Saint-Jean, sous-prieure au monastère de Paris. — Mais peut-être on nous retranchera de l'Église? — Qui ne sait que personne n'en peut être retranché malgré soi, et que, l'esprit de Jésus-Christ étant le lien qui unit ses membres à lui et entre eux, nous pouvons bien être privés des marques, mais non jamais de l'effet de cette union, tant que nous conserverons la charité. Selon la sœur Euphémie, le mandement ne faisait autre chose que consentir au mensonge sans nier la vérité. Je sais bien, ajoute-t-elle, que ce n'est pas à des filles à défendre la vérité. Mais puisque les évêques ont des courages de filles, les filles doivent avoir des courages d'évêques. Si ce n'est pas à nous à défendre la vérité, c'est à nous à mourir pour la vérité.

Cependant Arnauld répondit aux objections; et son autorité décida Port-Royal-des-Champs à signer, comme avait déjà fait la maison de Paris. Jacqueline signa, et en mourut de douleur trois mois après, à l'âge de trente-six ans. Jacqueline était la personne que Pascal aimait le plus. Quand il reçut la fatale nouvelle, il dit simplement : « Dieu nous fasse la grâce d'aussi bien mourir! »

Or, les ennemis de Port-Royal ne désarmèrent pas, mais exigèrent une nouvelle signature, accompagnée d'une adhésion plus catégorique. Alors il sembla que l'esprit de Jacqueline eût passé dans l'âme de son frère, lequel, désormais, se montra inébranlable. Les docteurs et les confesseurs de Port-Royal faiblissaient. Pascal écarte définitivement la subtile distinction du fait et du droit; et, dans un écrit sur la signature, il déclare simplement que signer le formulaire sans restriction, c'est signer la condamnation de Jansénius, de saint Augustin et de la grâce efficace. Et il rejette sans ambages toute voie moyenne, comme abominable devant Dieu et méprisable devant les hommes.

Il était arrivé, pensa-t-il, cela même qu'il avait prévu dans la dix-septième Provinciale. C'était la grâce efficace que l'on avait visée et qu'aujourd'hui l'on atteignait à travers Jansénius. Or la soumission que nous devons au Saint-Siège ne saurait nous faire relâcher de ce que nous devons à la sincérité chrétienne. Pascal estimait d'ailleurs que le pape n'a non plus d'autorité indépendamment de l'Église que l'Église en dehors du pape. Unité et multitude étaient, selon lui, inséparables. La multitude qui ne se réduit pas à l'unité est confusion, l'unité qui ne dépend pas de la multitude est tyrannie. Les Pères parlent du pape, tantôt comme d'un tout, tantôt comme d'une partie : il faut unir ces deux assertions, sous peine de manquer à la parole des Pères. L'autorité à laquelle nous devons l'obéissance, c'est l'autorité du pape en communion avec l'Église.

Pascal appréhendait que ses amis ne fussent disposés à la condescendance, dans le désir de conserver la maison de Port-Royal. Il nous appartient, disait-il, d'obéir à Dieu, et non de calculer les suites de notre obéissance. « Le Port-Royal craint, c'est une mauvaise politique. »

Une longue discussion eut lieu entre ces Messieurs. A la fin, tous se rangèrent à l'avis d'Arnauld et de Nicole, qui proposaient de signer, moyennant une restriction. Pascal se trouva mal, et tomba sans parole et sans connaissance.

Mais l'addition sur laquelle avaient délibéré ces Messieurs fut repoussée, et l'on exigea que les religieuses signassent purement et simplement. Elles refusèrent. Etait-ce là se séparer du Pape et de l'Église? Dans la pensée de Pascal, c'était au contraire rester uni à l'Église catholique indivisible, invisible et éternelle, qui seule est la véritable Église de Dieu.

Cependant, dès le mois de juin 1661, l'état de santé de Pascal s'était aggravé. Il n'en fut que plus attentif à s'oublier pour les autres, et à donner toutes ses pensées à Dieu. Il avait recueilli chez lui un pauvre ménage, dont un enfant prit la petite vérole. Craignant la contagion pour les enfants de sa sœur, qui venait chaque jour chez lui, au lieu de déplacer le petit malade, il quitta lui-même sa maison pour loger chez Mme Périer.

Ses amis de Port-Royal, notamment Arnauld et Nicole, le visitaient de plus en plus fréquemment, et l'entretenaient des choses de la religion. Il se confessa plusieurs fois à M. de Sainte-Marthe. Il se confessa aussi à M. Beurier, curé de Saint-Étienne-du-Mont, sa paroisse. Celui-ci, ayant su qu'il était l'auteur des *Provinciales*, lui demanda s'il n'avait rien à se reprocher là-dessus. Il répondit tranquillement que sa conscience ne lui reprochait rien, qu'il n'avait agi que pour la gloire de Dieu et la défense de la vérité, sans avoir jamais été poussé par aucune passion contre les jésuites.

Se sentant près de sa fin, il demandait instamment à communier. Comme on lui refusait cette grâce, à cause de son état de faiblesse, il voulut au moins communier avec Jésus-Christ dans ses membres, qui sont les pauvres, et il exprima le désir d'avoir près de lui un pauvre malade, à qui on rendît les mêmes services qu'à lui. Ceci même ne se pouvant faire incontinent, il pria qu'on le portât aux Incurables, afin qu'il pût mourir en compagnie des pauvres. Cependant il souffrait de plus en plus, et il souhaita, non sans scrupules de conscience, une consultation. Les médecins essayèrent de le rassurer, mais il ne les crut pas, et voulut avoir un ecclésiastique pour passer la nuit auprès de lui. Vers minuit il eut une convulsion, qui, comme par miracle se suspendit, de telle sorte qu'il put recevoir le Saint-Sacrement dans la plénitude de sa connaissance. « Voilà, lui cria le curé, celui que vous avez tant désiré. » Puis, comme M. le curé l'interrogeait, suivant la coutume, sur les principaux mystères de la foi. « Oui, monsieur, répondit-il, je crois cela de tout mon cœur. » Et, ayant reçu la communion, il dit : « Que Dieu ne m'abandonne jamais ! » Ce furent ses dernières paroles. Il mourut le 19 août 1662, à l'âge de trente-neuf ans et deux mois.

Ceux qui l'avaient approché vénérèrent en lui un bienheureux et un saint.

CHAPITRE VIII

LES « PENSÉES »

Parmi les papiers que laissa **Pascal**, se trouvaient de nombreux projets relatifs à l'ouvrage qu'il méditait sur la religion. Ayant examiné ces fragments, dont la plupart exprimaient des pensées complètes et dont plusieurs paraissaient achevés, les parents et les amis de Pascal songèrent à les mettre en état d'être publiés. Il ne s'agissait pas principalement pour eux de faire ressortir le génie propre et d'accroître la gloire de celui qui avait pour maxime : « Le moi est haïssable », mais de remplir l'intention de l'humble serviteur de Dieu et de l'Église. C'est pourquoi ils prirent soin, tout en conservant les saisissantes beautés du texte, d'en éclaircir çà et là les obcurités, de marquer la suite et la liaison des parties, et aussi d'adoucir certaines expressions, qui, mal comprises, auraient pu égarer sur la doctrine de l'auteur.

Comme préface à cette publication, Mme Périer composa, peu de temps après la mort de son frère, une *Vie de Blaise Pascal.* Mais ce ne fut qu'en août

1668, lorsque le pape Clément IX eut, croyait-on, terminé les querelles du jansénisme et fait la paix de l'Église, que l'on travailla à mettre les fragments en ordre. Le duc de Roannez eut le plus de part à ce travail. Il fut secondé par Arnauld, Nicole, et plusieurs de ces Messieurs. M. et Mme Périer se résignaient difficilement aux changements que l'on croyait devoir faire. Mais Arnauld expliqua à M. Périer que l'on ne saurait être trop exact, quand on avait affaire à des ennemis d'aussi méchante humeur que ceux de M. Pascal; et qu'il fallait prendre garde, pour sauver quelques expressions sans importance, de rendre la publication impossible. Dans un esprit de discrétion et de respect, en songeant constamment à tout ce que leur avait dit Pascal lui-même de son plan et de ses idées, ces confidents de sa pensée travaillèrent à donner un dessin fidèle de l'œuvre projetée.

L'impression fut achevée en 1669; la publication n'eut lieu qu'en 1670. L'ouvrage, intitulé *Pensées de M. Pascal sur la religion et sur quelques autres sujets, qui ont été trouvées après sa mort parmi ses papiers*, fut précédé, non de la *Vie de Pascal*, qui eût risqué de faire une trop large place à la personne de l'auteur, mais d'une préface composée par son neveu Étienne Périer, exposant le dessein de M. Pascal. Il parut revêtu de l'approbation de plusieurs évêques et docteurs.

Cette première édition était, volontairement, incomplète et arrangée. Les éditions que donnèrent Condorcet en 1776, et Bossut en 1779, plus complètes, demeurèrent fort différentes du texte original.

Victor Cousin, en 1842, signala ces différences; et, à partir de cette époque, on s'efforça de reproduire exactement le manuscrit. Les publications de Faugère, 1844, Molinier, 1877, Michaut, 1896, 1899, et Brunschvicg, 1897, ont peu à peu résolu ce difficile problème. Dans l'édition de M. Michaut, nous sommes véritablement en présence des notes et fragments épars, souvent incomplets, remplis de ratures, de surcharges et de variantes, parfois réduits à un commencement de phrase ou à quelques mots tracés pour soulager la mémoire, que nous offrent ces émouvants papiers, expression immédiate de la pensée vivante et de l'imagination en travail. Nous surprenons Pascal conversant avec lui-même au plus profond de sa conscience; nous contemplons, étalée devant le public, mainte pensée naissante, à peine formée, non encore éprouvée, qu'il eût rejetée peut-être, ou modifiée par l'effet de la réflexion. Et cette prise de possession des manuscrits, certes très précieuse, est une source de fines jouissances pour les habiles, qui, désabusés de la foi aux idées, mettent tout leur plaisir à étudier la personne, et, dédaignant les doctrines d'un Pascal, trouvent très curieux et amusant de démonter son intelligence et son âme. Il semble pourtant que ceux qu'on appelle les grands hommes doivent simplement être rangés parmi les cas anormaux, si les produits de leur génie sont sans valeur réelle. L'admiration que nous nous flattons de leur vouer ne nous fait-elle pas un devoir de chercher d'abord dans leurs écrits l'expression de la vérité éternelle qu'ils se sont proposé d'y fixer et de nous transmettre?

Il ne peut être question de tracer un plan des *Pensées*, ni même de l'ouvrage en vue duquel elles ont été jetées sur le papier. Mais nous sommes en droit d'interroger ces fragments sur le dessein qu'avait formé Pascal, et sur le travail intérieur qu'il voulait provoquer dans l'âme de son lecteur. Nous sommes guidés, à cet égard, dans une certaine mesure, par les souvenirs que nous ont transmis Étienne Périer, Filleau de la Chaise et Mme Périer touchant la conférence où lui-même développa ses idées, vers 1658.

Pascal ne se proposait pas de démontrer les vérités de la religion comme on démontre celles de la géométrie, d'une manière purement abstraite. Son intention était de ne rien dire où l'homme ne se trouvât intéressé, soit en sentant en lui-même tout ce qu'on lui faisait remarquer, soit en voyant clairement qu'il ne pouvait prendre un meilleur parti que celui qu'on lui proposait.

Il eut tout d'abord en vue des personnes déterminées : ceux qu'on appelait les libertins, ces hommes du monde qui, au nom d'une science mal comprise et d'une demi-philosophie, faisaient parade d'incrédulité. Il voyait le modèle du libertinage dans deux hommes qu'il avait bien connus, dont il avait jadis apprécié l'esprit : Méré, qui prétendait à l'égard de la religion, s'en tenir à l'honnêteté; Miton, qui, tout en apercevant que la nature est corrompue, croyait pouvoir demeurer dans l'indifférence et l'incuriosité.

Pour atteindre le mal dans sa source, c'est aux idées de Montaigne qu'il fallait s'attaquer. Pascal le connaissait à fond. Il avait lu et relu cette étrange

Apologie de Raymond de Sebonde, où, sous prétexte de justifier l'emploi des raisons humaines dans la lutte contre les athées, Montaigne démontrait avec surabondance que notre raison déraisonne, dès que, quittant le domaine des choses sensibles, elle aborde les questions religieuses et philosophiques, et que la pure nature nous est, pour diriger notre conduite, un meilleur guide que ce soi-disant privilège de notre espèce. Comment pouvait-on amener à la religion des hommes qui étaient dans de tels principes?

Leur faire voir directement la vérité de la religion, aussi certaine que celle des mathématiques? On n'y pouvait songer. Des deux puissances qui sont en nous, et qu'il eût fallu convaincre, la raison et la nature, la première, selon eux, en ces questions, se niait elle-même, la seconde se suffisait. Sans doute, il restait concevable que la foi se superposât à la nature, comme, à une ligne donnée, une parallèle. Mais, destituée de toute attache à la nature, elle n'était plus qu'une opinion particulière.

Il fallait donc suivre la voie inverse; et, partant de l'étude de la nature humaine, où prétendent s'enfermer les libertins, leur montrer que cette nature n'est pas telle qu'ils la supposent; qu'un état de pure nature, sans aucun élément surnaturel, est, chez l'homme, une chose impossible; que l'homme ne trouve la satisfaction de ses tendances et ne se réalise qu'en Jésus-Christ. Pareillement, il fallait redresser l'idée que les sceptiques se faisaient de la raison, de telle sorte que la foi, au lieu de se surajouter à notre intelligence comme quelque chose d'hétérogène, en devînt le complément indispensable et la perfection. Mais comment amener des hommes entêtés de leur suffisance à reconnaître qu'ils ne se suffisent pas? Comment prouver à des indifférents, à des orgueilleux, qu'ils doivent sortir de leur quiétude, désirer leur humiliation?

Le premier point était d'étudier les moyens de persuader les hommes, de rechercher la méthode qu'il convenait d'adopter, l'ordre suivant lequel les raisons devaient être disposées.

Il y a une grande différence entre connaître Dieu en païen, qui ne voit en Dieu qu'une vérité géométrique; en juif, qui ne voit en lui qu'une providence s'exerçant sur la vie et les biens des hommes; ou en chrétien, à qui Dieu fait sentir qu'il est son unique bien. C'est ce troisième genre de connaissance qu'il s'agit de susciter.

Or dès l'abord se dresse une contradiction qui semble frapper d'avance tous nos efforts de stérilité. La fin cherchée est la transformation de la volonté et du cœur. Or une telle opération n'est possible qu'à la grâce divine, et la grâce est toute gratuite et surnaturelle. Créatures corrompues, nous ne pouvons rien pour provoquer, soit en nous, soit chez les autres, l'action de la grâce. Nous ne disposons que de modifications extérieures, sans effet sur le cœur, si Dieu ne s'en mêle. Quelle place pour notre action peut-il y avoir à côté de l'action divine?

La contradiction serait insoluble, s'il fallait se représenter l'homme et Dieu comme existant l'un à côté de l'autre dans un milieu tel que l'espace. Alors l'action humaine, limitant l'action divine, en serait la négation; et l'action divine, en s'étendant à l'infini, ne laisserait nulle place à l'action humaine. Mais Dieu est une personne, et l'homme est une personne. Entre personnes il y a d'autres relations que celles des corps. Par l'amour, elles s'unissent sans cesser d'être distinctes; elles se pénètrent sans s'absorber. Telles les trois personnes de la Trinité divine. Et ainsi la Providence peut conférer à celles de ses créatures qui sont des personnes la dignité de la causalité. Il est possible qu'elle nous emploie nous-mêmes à l'œuvre de la conversion de nos semblables; que nos prières, nos raisonnements, nos libres efforts, soient la manifestation, prévue et voulue par Dieu, de l'action intérieure de la grâce. Certes, Dieu seul peut nous convertir; mais son action admet et commande la nôtre.

Nous voyons par là comment nous devons agir. Par nous-mêmes nous ne pouvons rien. Si donc l'écrivain se propose sa propre gloire et se flatte de triompher par son éloquence, son discours ne vient pas de Dieu, et est sans force pour le bien. Pour être efficace, la parole doit être l'expression humaine de la voix divine. Celui qui veut annoncer la vérité doit s'humilier et s'anéantir devant elle.

Une fois pénétré de cet esprit, on peut et on doit user, selon ses forces, de tous les moyens que la nature et l'art mettent à notre disposition.

Nous savons que l'art de persuader a deux parties, qui correspondent aux deux entrées de l'âme humaine : l'art de convaincre, qui s'adresse à l'entendement, et l'art d'agréer, qui s'adresse à la volonté. De l'art de convaincre les géomètres nous offrent le modèle. L'art d'agréer a, lui aussi, ses règles, qui sont conformes à la nature instable de nos sentiments. Or la conversion de l'homme est empêchée par sa paresse, ses passions, son orgueil, en un mot, par l'amour de soi. Il ne faut pas prétendre vaincre ce sentiment par une idée. Une passion ne cède qu'à une passion. Il s'agit d'éveiller dans l'âme le mépris de soi et l'amour de Dieu. C'est le progrès même de la charité qui diminuera la force de l'amour de soi. A l'art d'agréer il appartient principalement d'ôter les obstacles et de disposer le cœur à l'amour de Dieu.

Pour toucher le cœur d'autrui, il faut, dans ses discours, suivre un certain ordre. Le cœur a son ordre. Jésus-Christ, saint Paul, saint Augustin suivent cet ordre. Il consiste principalement en la digression sur chaque point qui se rapporte à la fin, de manière que cette fin soit constamment devant l'esprit. C'est un ordre, non unilinéaire, mais convergent. Les parties ne sont pas rapportées à ce qui précède, mais à ce qui doit les suivre et les ramener à l'unité.

L'art de convaincre et l'art d'agréer sont d'ailleurs, en une affaire telle que la religion, qui concerne l'homme tout entier, indispensables l'un et l'autre, et doivent être étroitement unis. Tâche difficile, parce que les qualités qu'ils supposent, l'esprit de géométrie et l'esprit de finesse, sont en quelque sorte contradictoires. L'un part de principes abstraits et gros, pour descendre aux conséquences; l'autre part des choses communes, pour en chercher les principes innombrables, déliés et insaisissables. Ajuster ensemble l'abstrait et le concret, les axiomes et les réalités, telle est la méthode nécessaire.

De ces principes découlent les règles de composition et de style que Pascal se traçait, et dont les fragments qui nous restent portent la marque. Sans doute Pascal a écrit : « La vraie éloquence se moque de l'éloquence, » c'est-à-dire : l'éloquence du sentiment et de la nature se moque de la rhétorique. Mais, selon lui, l'éloquence du sentiment a elle-même ses règles, puisque le cœur a ses raisons.

Il y a, en matière d'éloquence comme en toute action humaine, trois formes : la nature, l'art, le naturel. La nature, dans son état actuel, est un mélange confus de bon et de mauvais. L'art, pris séparément, est l'ensemble des règles imaginées par l'homme en vue de son plaisir, et tendant à déguiser la nature. Le naturel est, non la conformité à la nature donnée, mais le retour à la vraie et primitive nature, exempte d'altération. Ce n'est que par un travail méthodique et difficile que l'homme peut, dépassant la nature et l'art, atteindre au naturel. Ce travail est celui que considère Pascal.

L'écrivain a pour objet d'agir sur les âmes, et ce succès ne peut venir que de Dieu. C'est pourquoi, avant d'écrire, il se met à genoux et, soumettant tout son être au Créateur, le prie de se soumettre aussi celui de son frère. *Inclina cor meum*, telle est sa prière, telle est celle qu'il invite son lecteur à faire avec lui. Car les meilleures raisons seront vaines, si le cœur n'est pas disposé à les recevoir.

Pour chacune des parties de l'éloquence, Pascal a des règles.

S'agit-il de l'invention? Il considère que l'homme se persuade mieux par les raisons qu'il a trouvées lui-même, que par celles qui sont venues dans l'esprit des autres. L'écrivain doit donc se mettre à la place de ses lecteurs, et faire essai sur son propre cœur du tour qu'il doit donner à son discours. Le secret de l'éloquence est d'amener l'homme à faire réflexion sur ce qui se passe en lui, et à constater, par lui-même, la vérité de ce qu'on lui dit. Il faut, d'ailleurs, s'adresser à toutes les puissances de l'âme du lecteur, de manière à le prendre tout entier, à l'envelopper, à ne lui laisser aucune issue par où il puisse s'échapper. Donc, intérêt, plaisir, raison, cœur, esprit et corps, automate et intelligence, Pascal mettra tout en jeu pour exciter l'homme à vouloir sa conversion.

La disposition exige des tâtonnements et des essais sans nombre. Car il s'agit d'unir l'ordre de l'esprit et l'ordre du cœur, qui semblent incompatibles. Les principes, dans les choses réelles et vivantes, loin d'être connus les premiers, ne se dégagent que peu à peu. La dernière chose qu'on trouve en faisant un ouvrage est celle qu'il convient de mettre la première.

L'élocution a, dans les choses morales, une importance singulière, car un même sens y change selon les paroles qui l'expriment. La règle première, c'est que le fond doit présider à la forme. Il ne s'agit pas de faire des tableaux agréables, mais des portraits ressemblants. Gardons-nous d'imiter les méchants artistes, qui peignent de fausses fenêtres pour la symétrie. Mais, d'autre part, les mots ont leur force propre. Le style doit être naturel, c'est-à-dire simple, clair, naïf et vrai. Il faut trouver.

le mot à la fois commun, juste et fort. Il faut préférer les mots concrets aux mots abstraits; il faut exprimer les choses dans leur rapport à l'imagination, à la volonté, au cœur. Enfin l'ordre des mots est une condition de leur pouvoir. Au jeu de paume, c'est une même balle dont on joue l'un et l'autre, mais l'un la place mieux.

Cette forme de perfection, il semble que Pascal la réalise. Pascal, certes, est un écrivain. Les innombrables ratures, corrections et remaniements dont sont chargés ses manuscrits montrent assez combien il travaille son style. Ce style se distingue par sa plénitude. Il possède, non tour à tour, mais ensemble, toutes les qualités qui s'emparent de l'âme. Rigueur géométrique, passion, imagination, art et naturel, s'y fondent en une indissoluble unité.

Son mode d'exposition est un raisonnement très serré, présenté sous une forme très concrète : « Le moi est haïssable. Vous, Miton, le couvrez, vous ne l'ôtez pas pour cela; vous êtes donc toujours haïssable. »

Pascal ramasse, à la manière des géomètres, une multitude d'idées dans une formule très brève : « Toute la loi consiste en Jésus-Christ et en Adam. »

Partout l'antithèse, mais toujours comme argument, jamais comme figure de rhétorique. Toute la sagesse, en effet, est de voir la contradiction qui est partout dans la nature, et d'en chercher l'explication humaine; les deux raisons contraires, il faut commencer par là.

La langue de Pascal, l'un des modèles de celle du XVIIe siècle, a encore la verdeur du XVIe. Elle admet tous les mots, les communs, les familiers, les bas, comme les nobles et les savants. Elle préfère les expressions communes. Elle hait les mots d'enflure. Elle appelle les choses par leur nom, elle les rend sensibles; elle change les idées en visions, dont l'esprit ne pourra se défaire.

Sa syntaxe est très personnelle et très souple : « Les prophéties citées dans l'Évangile, vous croyez qu'elles sont rapportées pour vous faire croire. Non; c'est pour vous éloigner de croire. »

Il emploie l'hyperbole, l'expression qui dépasse la pensée. Ce n'est pas là un vain procédé de style, c'est la méthode d'un homme qui veut forcer la volonté : l'action suppose une vue exclusive. C'est ainsi qu'il écrit : « La seule religion contre la nature, contre le sens commun, contre nos plaisirs, est la seule qui ait toujours été. »

Comme toutes les autres parties, le nombre tend à l'effet sérieux. Charmer l'oreille serait peu de chose : on ne la prend pour juge que quand on manque de cœur. Mais n'est-ce pas le cœur même et la volonté qui ressentent la puissance du nombre, dans une phrase telle que celle-ci : « Malgré la vue de toutes nos misères, qui nous touchent, qui nous tiennent à la gorge, nous avons un instinct que nous ne pouvons réprimer, qui nous élève »?

La maxime de se mettre à la place du lecteur, qui guidait Pascal dans sa manière d'écrire, détermine à plus forte raison le choix de ses pensées.

Il veut agir sur l'incrédule. Il se place, pour commencer, au point de vue de l'homme naturel, tel qu'il nous est donné de l'observer. L'homme, ainsi entendu, ne connaît qu'une chose, ne croit qu'à une chose, et cette chose est lui-même : il pense que l'homme est un tout, qu'il se suffit. Mettons-lui donc sous les yeux la peinture de son être, afin qu'il juge si vraiment il lui est possible de se contenter de soi.

Pour être sûr que le lecteur se reconnaîtra dans ce tableau, Pascal en empruntera les traits au maître des libertins, à Montaigne. Il transportera, des *Essais* du philosophe bel-esprit, dans son introduction au christianisme, mainte observation, mainte réflexion. Non telles exactement qu'il les trouve dans cet auteur. Il choisit, il ramasse, il change quelques mots; et les mêmes pensées prennent un autre visage. Aimables ou agréablement railleuses chez Montaigne, elles deviennent, sous la plume de Pascal, amères, troublantes, déconcertantes. Ce n'est plus dans Montaigne, c'est en lui-même que Pascal voit ce qu'il y voit.

Comme dans ses travaux physiques, il part des faits. Ensuite il cherchera les causes. Le point capital, c'est d'observer l'homme dans sa forme concrète et véritable, dans la complication effective de sa nature. Qu'est-ce que l'homme, pour qui veut ainsi le voir, non sous une forme idéale, mais tel qu'il est? L'homme est un être essentiellement changeant et complexe : changeant, car sa manière d'être naturelle est la passion, dont le propre est l'instabilité; complexe, car il est fait de parties à la fois hétérogènes et inséparables, irréductibles aux principes grossiers de la géométrie.

Quelles sont les raisons de ces effets? Le mouvement peut, à la vérité, se concevoir comme la marche d'un être vers sa fin. Telle la gravitation naturelle des êtres vers Dieu, selon les philosophes païens. Mais le mouvement peut aussi être l'effet d'une contradiction intérieure, l'impossibilité de demeurer dans un état insupportable. De même, la complexité peut être, soit l'union harmonieuse d'éléments complémentaires, soit la réunion violente de principes disparates. De ces deux explications possibles, c'est, chez l'homme, la seconde qui est la vraie. L'homme est un être plein de contrariétés.

Considérez sa volonté : il veut le bonheur, et il est hors d'état de l'acquérir. Ses inclinations, condition de ses plaisirs, sont contradictoires. Il aime le repos, et il cherche l'agitation. Et tandis qu'il travaille à satisfaire une tendance, celle-ci, secrètement, se tourne en son contraire. Au fond, ce que nous voulons, ce n'est pas quelque chose de meilleur, de plus beau, de plus rare, c'est simplement autre chose. Il y a en nous une puissance décevante, dont l'occupation est de ravaler les objets qui sont une fois en notre pouvoir, pour parer de couleurs flatteuses ceux que nous ne possédons pas : c'est l'imagination. Séduits par son prestige, nous ne vivons jamais, nous attendons de vivre; et, nous disposant toujours à être heureux, jamais nous ne pouvons l'être.

Nos facultés intellectuelles se contredisent pareillement. Au regard des sens, les choses sont finies : la raison les voit infinies. Contradiction encore entre la raison, qui juge par principes, et le cœur, qui juge par sentiment. Et notre raison elle-même se contredit. Elle prétend juger, et en soi elle n'a pas de principes. Elle reçoit, indifférente, les principes nécessaires à ses raisonnements, et de ce qu'il y a de plus relevé dans notre cœur, et de ce qu'il y a de plus bas dans nos sens. C'est un jeu pour elle de soutenir le pour et le contre.

Cherchera-t-on, sous ces contrariétés, un fonds un et permanent, que l'on appellerait proprement notre nature? La coutume, chez nous, a cette force, de contraindre, transformer et créer la nature. Qui prouvera que ce que nous appelons notre nature soit autre chose qu'une plus ancienne coutume? Notre nature nous fuit éternellement. Nous sommes et nous ne sommes pas.

Cependant nous pouvons pénétrer plus avant encore dans les profondeurs de notre être. Par delà nos actions, nos facultés et notre nature, il y a notre moi, qui se pense et se connaît, et qui a peut-être en lui-même la puissance nécessaire pour mettre l'ordre et l'unité dans sa nature et dans ses actions. Mais ce moi est en proie à un mal étrange, dont lui-même ne se rend pas compte : le besoin de divertissement. Quelle est la fin dernière de tous nos actes? Qu'est-ce que l'homme attend de la richesse, des honneurs, des amusements, de la science, de la puissance? La diversion, l'oubli de soi. C'est que notre cœur, ainsi que le révèle l'étude des passions de l'amour, est un abîme à la fois infini et vide, qui aspire à se combler. Or le monde ne nous fournit que des objets finis, des atomes, qui flottent dans sa capacité. Nous passons constamment des uns aux autres; et notre souffrance demeure, parce que nous sommes toujours aussi loin du terme que nous poursuivons.

Voilà pourquoi nous nous fuyons. Nous sentons confusément qu'en nous-mêmes est la cause de tous nos maux, et qu'en même temps nous n'avons nul moyen de nous changer. Du moins, pouvons-nous réellement nous fuir? Pas davantage, parce que moi, qui prétends m'évader de moi-même, je suis encore et toujours moi, avec mon désir et mon impuissance également infinis.

Cependant les hommes, par les créations de leur intelligence, ont essayé de remédier aux vices de leur nature. Ils ont institué le droit, et la morale, comme des moyens d'atteindre à leur fin.

Certes, à juger d'après l'apparence, il semble que notre justice soit essentiellement juste, que nous ayons un sûr moyen de connaître ce qui est juste en soi. Mais comment s'en tenir à ce sentiment, quand on compare et réfléchit, quand on a lu Montaigne? Que de diversité dans ce qui devrait être un et universel! Plaisante justice, celle qu'une rivière ou une montagne borne! Quel est le fondement réel de notre justice? C'est le temps, l'imagination, la force, et rien autre chose. Qu'est-ce que la propriété? Une usurpation dont le souvenir est effacé. Qu'est-ce qui fait l'autorité des médecins et des juges? C'est leurs soutanes et leurs mules, c'est leurs robes rouges et les hermines, dont ils s'emmaillottent en chats fourrés. Qu'est-ce que le droit de nos rois, sinon leur cortège de gardes, de hallebardes, de trognes armées, qui n'ont de mains et de forces que pour eux?

Telle est notre justice. Les demi-savants en concluent qu'il n'y a pas de justice. Le peuple, lui, persiste à y croire. Et c'est le peuple qui a raison, mais non de la manière qu'il croit. Il croit que nos lois sont justes, et elles sont injustes : il juge indigne d'un homme de céder à la force, si cette force n'est en même temps la justice, et il fait bien. La justice, en ce monde, est invinciblement obscure et impuissante. Ne pouvant faire que ce qui est juste fût fort, on a fait que ce qui est fort fût juste. On a sauvé le principe de la justice en lui donnant pour matière la force. Par là on obtient la paix, qui est le premier des biens. Mais quelle singulière condition que celle d'un être qui a besoin qu'on le trompe pour désirer ce qu'il veut, qui exige que le faux porte le masque du vrai, alors qu'il foule aux pieds le vrai lui-même !

Notre morale ressemble à notre droit. Rien de plus clair, à première vue, que les principes de la science des mœurs, tels que la notion du bien, du bonheur, de la fin de la vie humaine ; et quel n'est pas le ravissement de celui qui, s'étant attardé aux sciences abstraites, en vient à étudier les choses morales et l'art de bien vivre ! Cependant interrogez les hommes sur ce qu'ils considèrent comme bon. Ils vous nommeront les astres, le ciel, la terre, les éléments, les choux, les poireaux, les veaux, les serpents, l'adultère, l'inceste, tout jusques au suicide. Quant aux moralistes de profession, ils se divisent en deux grandes sectes : les stoïques et les épicuriens. Les premiers nous ordonnent de nous égaler à Dieu, les seconds ne nous jugent bons qu'à vivre comme les bêtes.

Ici encore, confusion et contrariété. Les demi-savants concluent qu'il n'y a pas de morale, Mais ils se trompent, et le peuple, qui persiste à admettre la distinction du bien et du mal, leur est supérieur. Il y a un principe de la morale, qui est de bien penser, de penser selon la droite raison, c'est-à-dire, notre raison ayant besoin de guide, de penser selon l'inspiration du cœur. Mais s'ensuit-il qu'il dépende de nous de connaître et de faire le bien? Nullement, parce que notre cœur, naturellement mauvais et aveugle, ne peut nous guider convenablement en matière pratique, que si nous le transformons, si nous le régénérons. Et il n'est pas en notre pouvoir d'agir sur notre cœur, d'aimer selon le commandement de notre intelligence. Seuls nos actes extérieurs dépendent de nous. En sorte que la morale nous ordonne ce qui ne dépend pas de nous.

Quel monstre est-ce donc que l'homme, quel chaos, quelle énigme, si tous ses efforts pour mettre de l'harmonie dans son être n'aboutissent qu'à en augmenter l'incohérence?

Il est une race d'hommes qui se donnent pour plus savants et plus profonds que les autres, et qui prétendent trouver, par la seule force de leur raisonnement, l'explication de la nature humaine, et les moyens de la conduire à sa perfection. Ce sont les philosophes. Voyons ce que valent leurs doctrines.

Ils affectent de ne relever que de la raison. Certes la raison a droit à nos respects. Elle nous commande plus impérieusement qu'un maître; car en désobéissant à l'un on est malheureux, en désobéissant à l'autre on est un sot. Mais, d'autre part, notre raison est le jouet de nos sens et de notre imagination, puissances déréglées et trompeuses; et elle est ployable à tout sens. Souveraine et esclave, telle est notre raison.

Sur cette contrariété les beaux esprits la condamnent. Ils se trompent. Car la force et l'autorité de la raison ne sont pas moins certaines que sa faiblesse. La raison est sûre dans ses principes les plus généraux, tels que les principes d'identité et de contradiction. Mais ces principes ne suffisent pas pour penser. Il faut aussi des vérités premières, des propositions fondamentales, et ces propositions lui font défaut. Elle raisonne bien, mais sur des principes qu'elle ne peut éprouver.

On serait tenté de répondre que nous connaissons la vérité, non seulement par la raison, mais encore par le cœur et le sentiment, et que c'est par ce dernier organe que nous connaissons les premiers principes. Il y a des faits physiques : nous les connaissons par les sens. Pareillement, il y a des faits métaphysiques : nous les percevons par le cœur, comme par un sens suprasensible. Le cœur sent qu'il y a trois dimensions dans l'espace et que les nombres sont infinis. — Il est vrai; mais des mathématiques on ne peut conclure à la philosophie. Il nous est indifférent que l'espace ait trois ou quatre dimensions. Au contraire, notre intérêt est engagé dans le problème de notre destinée. Aussi ne cherchons-nous pas la vérité philosophique avec cette pureté de cœur qui serait nécessaire pour la discerner. De nous-mêmes nous la fuyons, et par nous-mêmes nous ne pouvons purifier notre cœur.

Pourtant les philosophes se flattent de résoudre certains problèmes, et tout d'abord celui de la certitude. Ils se partagent sur ce point en deux écoles : les dogmatistes et les pyrrhoniens. Et ces deux écoles se contredisent. On aurait tort pourtant de les renverser les uns par les autres, et de conclure à un doute absolu. Leurs doctrines ne sont pas fausses l'une et l'autre : elles sont vraies. Nous avons une idée de la vérité invincible à tout le pyrrhonisme. Et notre impuissance de prouver est insurmontable à tout le dogmatisme. Du point de vue de la nature, le dogmatisme est indestructible; du point de vue de la raison, le pyrrhonisme est le vrai. Nous croyons à la vérité, et nous ne pouvons la découvrir. Nous nous sentons faits pour la certitude, et nous en sommes incapables.

Les philosophes croient établir certaines vérités morales, telles que l'existence de Dieu, la spiritualité et l'immortalité de l'âme. Certes les démonstrations des partisans de ces vérités valent mieux que celles de leurs adversaires. Mais que leur en revient-il, si ce qu'ils démontrent n'est qu'abstraction vaine, sans vie et sans efficace ? Ils nous donnent des hypothèses suffisantes, des vérités géométriques, des propositions. Mais une proposition peut-elle remplir notre cœur ? Ces preuves ne sont pas seulement inutiles, elles sont dangereuses ; car elles nous font croire que, par nous-mêmes, nous pouvons nous hausser jusqu'à Dieu.

Quant aux vérités qu'enseignent les sciences, elles sont, certes, incontestables ; mais elles ne se rapportent qu'aux choses matérielles, et sont de nul usage pour notre vie intérieure. La seule utilité effective des sciences est de former l'esprit à l'observation et au raisonnement.

Telle est la vanité du suprême effort de l'homme pour se réconcilier avec lui-même. Loin de résoudre les contradictions de notre nature, la philosophie nous les montre essentielles et irrémédiables. Nous voyons en nous un mélange incompréhensible de grandeur et de misère, de dignité et de bassesse. L'homme est grand, puisqu'il prétend s'unir à Dieu; il est misérable, puisqu'il ne peut ni le connaître, ni aller vers lui. Son âme est noble, puisqu'elle voudrait se dépasser; elle est basse, puisqu'en fait, en toutes choses, elle ne cherche que soi. C'est l'infini et le fini à la fois inséparables et inconciliables.

La sagesse, dès lors, ne consisterait-elle pas à s'oublier, à se plier à sa condition, à s'endormir sur le mol chevet de l'ignorance et de l'incuriosité? Cette résolution serait, de toutes, la plus criminelle et la plus funeste. L'homme ne saurait s'y abandonner sans renier sa qualité d'homme. Un tel désespoir, ou une telle lâcheté, se concevrait, si l'homme n'était qu'impuissance. Mais sa grandeur est aussi réelle et indestructible que sa misère. Qu'il ne songe donc point à apaiser cette inquiétude sans cesse renaissante, qui se mêle à toutes ses joies et qui les corrompt. Elle lui rappelle ses destinées supérieures. Que plutôt il se contemple d'un regard sincère; et que, voyant clairement l'impossibilité d'écarter comme de résoudre le problème de sa nature, après avoir vainement cherché la solution en lui-même et dans ce qu'il peut, il se décide à la chercher au-dessus de lui.

Il existe, par tout l'univers, des doctrines traditionnelles qui se donnent justement pour des solutions du grand problème : ce sont les religions. A vrai dire, elles sont en général si dénuées de preuves, et elles enseignent une morale si basse, que je ne puis m'arrêter à la plupart d'entre elles. Mais tandis que je considère cette bizarre variété de mœurs et de créances, je trouve en un coin du monde un certain peuple, séparé des autres, et dont les histoires précèdent de plusieurs siècles les plus anciennes que nous possédions. Le livre de ce peuple enseigne des choses étranges. Il raconte que l'homme est l'ouvrage d'un Dieu parfait, qui l'avait créé à son image, dans l'état d'innocence et avec toutes sortes de perfections, mais qu'il se révolta contre son créateur; qu'en conséquence il fut déchu de son état et communiqua sa nature corrompue à tous ses descendants; mais que Dieu, dans sa miséricorde, promit d'envoyer aux hommes un libérateur, qui satisferait pour eux, et réparerait leur impuissance. Et un autre livre nous apprend que ce libérateur est en effet venu, et nous a sauvés, en réunissant en lui la misère humaine et la sainteté divine, de telle sorte que de la première jaillît une source de mérite et de grâce.

Vrai ou faux, cet enseignement s'ajuste avec une précision singulière au problème de la condition humaine. Par l'opposition de la grâce et de la nature, il rend compte, et de la grandeur, et de la misère de l'homme; et, à ceux qui cherchent le remède contre cet état de contrariété intérieure, il offre la grâce toute-puissante du créateur lui-même.

Toutefois, la vérité de la religion chrétienne n'est pas encore établie par là. Cette religion nous apparaît comme une hypothèse qui satisfait notre esprit. Mais une hypothèse commode n'est pas pour cela une réalité. La matière subtile de Descartes peut rendre compte de quelques phénomènes. Ce n'en est pas moins une fiction. Une recherche spéciale a été nécessaire pour convertir en vérité l'hypothèse de Torricelli. Et nous ne pouvons hasarder notre vie sur une hypothèse. Nous avons besoin de savoir si cette religion, explication plausible de notre condition, est, en outre, vraie absolument. Et ainsi il nous la faut considérer, non plus seulement par rapport à nous, mais en elle-même, dans les preuves qu'elle apporte de sa vérité.

Elle nous enseigne une union de la nature humaine et de la nature divine dans un seul et même être, qui passe notre intelligence et ne peut être qu'un objet de foi. Nous ne saurions donc y croire sans l'intervention d'une grâce surnaturelle. Mais il se pourrait que nos efforts fussent la manifestation, prévue par Dieu, de l'action même de la grâce sur nous. Nous ferons donc comme si, par nous-mêmes, nous pouvions aller à Dieu; nous le chercherons de toutes nos forces, en épiant, au plus profond de notre cœur, le sentiment qui accompagnera nos efforts.

La foi est l'adhésion de l'âme aux vérités contenues dans la sainte Écriture. Elle a ses motifs, et en nous, et dans les vérités révélées. Et ces motifs se mêlent et se pénètrent de telle sorte, que notre disposition intérieure nous aide à comprendre l'Écriture, et que la méditation de l'Écriture développe notre disposition intérieure.

Que si, distinguant ce qui, en réalité, est inséparable, nous considérons premièrement le progrès de la disposition intérieure, nous remarquons que, pour nous élever de la connaissance à la foi, nous avons trois moyens : la raison, la coutume et l'inspiration.

La raison ne démontre pas les choses de la foi, mais elle ôte les obstacles, elle prépare les voies. D'abord elle prouve que, selon ses principes, les raisons pour valent les raisons contre, si bien qu'on peut se décider dans le sens de la foi sans la contredire. Ce n'est pas tout. Pressée et contrainte d'aller au bout de ses raisonnements, elle apporte une raison irréfutable de se décider en faveur de la religion. Il existe une branche des mathématiques que l'on appelle la règle des partis. Si l'on applique à la question de l'existence de Dieu les principes de ce calcul, on démontre rigoureusement que l'homme doit la résoudre par l'affirmative.

Soit la raison humaine dans l'état d'incertitude sur le sujet de l'existence de Dieu. Elle peut prendre croix ou pile ; je dis qu'elle doit prendre croix que Dieu est.

Et d'abord il nous faut nécessairement parier. Nous ne sommes pas libres. Nous vivons, et chacun de nos actes enferme une décision touchant notre destinée. Il est clair que nous ne saurions agir de la même manière si Dieu est et s'il n'est pas. Que gagerons-nous? Nous devons gager que Dieu est.

En tout pari, il y a deux choses à considérer : le nombre des chances, et l'importance du gain ou de la perte. La raison que nous avons de choisir tel ou tel parti est exprimée par le produit de ces deux facteurs. Or, poser Dieu, c'est poser un bien infini. Faisons aussi petit que l'on voudra, égal à 1 par exemple, le nombre des chances que Dieu soit. Le parti que Dieu est sera représenté par $1 \times \infty$. En regard de la béatitude que Dieu peut donner, mettons maintenant les biens de ce monde, et supposons-les aussi grands que l'on voudra. Ils ne peuvent former qu'une quantité finie, que nous appellerons a. Faisons, d'autre part, aussi nombreuses que l'on voudra les chances que Dieu ne soit pas et que le monde existe seul. Ce nombre est fini, puisqu'il y a une chance que Dieu soit. Le parti que Dieu n'est pas sera, dès lors, représenté par l'expression $n \times a$. Or ce produit est nécessairement plus petit que le premier, où l'infini entre comme facteur. Donc je dois gager que Dieu est.

Ce raisonnement est démonstratif. Ce n'est, toutefois, qu'un raisonnement. Il réduit l'entendement, mais n'atteint pas le cœur. Et c'est l'adhésion du cœur que réclame la religion chrétienne. Comment l'affirmation que Dieu est pourra-t-elle descendre de l'intelligence dans le cœur?

Le grand obstacle, ce sont les passions, c'est l'amour des plaisirs. Il faut les quitter. J'aurais bientôt quitté les plaisirs, répondez-vous, si j'avais la foi. Mais moi je vous dis : vous auriez bientôt la foi, si vous quittiez les plaisirs. C'est à vous à commencer. Vous pouvez bien faire un effort, et éprouver si ce que je dis est vrai.

Pour plier notre cœur au commandement de notre raison, nous disposons d'un moyen puissant : la coutume. Elle fait nos attachements et nos répugnances, elle peut les défaire. Elle a une influence naturelle sur nos dispositions intérieures. Vous donc qui voulez croire et ne pouvez, vous que la raison porte à chercher la foi, et qui sentez une résistance dans votre cœur, faites comme si vous croyiez, prenez de l'eau bénite, faites dire des messes. Naturellement même cela diminuera vos passions, vous fera croire, et vous abêtira. — C'est ce que je crains. — Et pourquoi? Qu'avez-vous à perdre? La sagesse dont vous vous targuez n'est que mensonge. C'est en revenant au naturel et à la simplicité, dont follement les hommes se moquent, que vous vous rendrez capable de recevoir l'impression de la vérité.

Tel est le rôle de la coutume. Mais elle aussi est insuffisante. Une seule chose produit la foi parfaite : l'inspiration. Si les raisonnements et la coutume ont quelque valeur, c'est qu'ils annoncent ou plutôt accompagnent, traduisent et rendent sensible à la conscience l'action de la grâce. S'offrir par les humiliations aux inspirations, qui seules peuvent faire le vrai et salutaire effet, c'est le suprême effort de l'homme dans sa poursuite de la foi.

A mesure que se purifie sa disposition intérieure, la vérité se dévoile à ses yeux.

Le livre qui la contient est la Bible. Ce livre me frappe tout d'abord par ses marques d'authenticité.

Je vois notamment qu'il nous a été transmis par les Juifs, alors qu'il les dépeint infidèles et les menace de châtiments terribles. Or quelle apparence y a-t-il qu'ils eussent conservé un tel livre s'il n'était pas authentique? Plus je considère l'histoire que raconte la Bible, plus je la trouve remarquable. Elle a une unité, une suite, une logique extraordinaires. Et ce qu'elle nous montre, c'est, à côté d'une religion rituelle, une religion tout intérieure, fondée sur l'amour de Dieu, laquelle se perpétue à travers toute sorte de vicissitudes.

Déjà je désire que la religion chrétienne, terme de cette histoire, soit susceptible d'être démontrée vraie. Or je trouve des preuves de cette vérité dans de nombreux miracles rapportés par la Bible et dont la réalité est incontestable; dans les passages visiblement figuratifs dont le livre abonde, et qui s'appliquent exactement à Jésus-Christ; enfin dans des prophéties très précises, dont l'histoire de Jésus-Christ a été la fidèle réalisation.

Telle est l'impression première que fait sur moi la lecture de l'Écriture. Mais je ne puis me dissimuler qu'un examen plus approfondi suscite d'énormes difficultés. S'il y a de vrais miracles, il y en a de faux; il y en a qui, pris isolément, sont propres à détourner l'âme humaine de Dieu et de Jésus-Christ. S'il y a des figures claires et démonstratives, il y en a qui semblent un peu tirées par les cheveux, et qui ne prouvent qu'à ceux qui sont persuadés d'ailleurs. Enfin bien des prophéties sont inintelligibles, ou semblent ne s'être en aucune façon réalisées. Ce livre abonde en contrariétés. Il montre Dieu absent et présent; il est charnel et il est spirituel; il est clair et obscur, ordonné et confus, sublime et trivial. Qui lèvera ces contradictions? Qui mettra l'ordre dans ce chaos?

Dans la Bible elle-même nous trouvons une explication. Isaïe nous apprend que Dieu s'est proposé d'aveugler les uns et d'éclairer les autres, et que sa conduite est calculée de manière à produire ce double résultat. Dieu lui-même se nomme un Dieu caché. Seuls, les élus doivent le discerner sous les voiles dont il s'est couvert. Cette solution est suffisante au point de vue logique. Mais dans quel abîme de réflexions ne nous plonge-t-elle pas? Comment Dieu peut-il se plaire à tromper et perdre ses créatures?

Si l'homme n'avait rien en lui de plus relevé que la raison, il lui serait impossible de surmonter ces difficultés. Mais notre cœur a ses clartés, qui ne sont pas celles de la raison. Il voit qu'il n'aurait aucun mérite à se régler sur une évidence rationnelle; tandis qu'en se donnant, malgré les résistances de la raison et de la nature, il fait un effort et un sacrifice, et se rend capable d'une perfection supérieure à celle des sens et de la raison. Et ainsi s'accomplit dans l'âme le mystère de l'acte de foi. Le besoin de croire qui s'est fait jour dans la volonté rencontre son objet; et cet objet, s'unissant à la volonté, y réalise la foi qu'elle poursuivait. Celui qui crée dans l'homme cette vie surnaturelle, c'est Jésus-Christ. C'est lui que l'homme cherchait dans sa course vagabonde à travers tous les biens de ce monde. C'est lui qui désormais sera la source de ses pensées et de ses affections. Jésus-Christ est le centre de la religion.

Jésus-Christ est l'expression la plus complète de la contrariété qui est en tous les hommes. Il est grand, puisqu'il est Dieu ; il est la grandeur même. En même temps il est véritablement homme, et le plus humble, le plus misérable des hommes. C'est un ouvrier, obscur, pauvre et sans défense. Il est chargé des péchés de tous les fils d'Adam, et il endure les supplices les plus cruels et les plus ignominieux. Il réunit littéralement l'extrême misère et la suprême grandeur.

Son œuvre, c'est la transformation de l'obstacle en instrument, la force surgissant de la faiblesse, le mal engendrant le bien. Jésus se sacrifie, et son sacrifice a une vertu singulière. De la part de l'homme, qui a une dette à payer, un sacrifice ne peut être qu'expiatoire. Celui de l'agneau sans tache est méritoire. Et ce mérite a une efficacité toute-puissante. Tout ce qui vient de l'homme est sans effet pour changer le fond de son être. Sa volonté, dans son état actuel, est enchaînée à sa nature, et ne peut agir sur elle. Mais le mérite de Jésus-Christ, infini comme l'amour qui lui donne naissance, anéantit le péché jusque dans sa racine. C'est ainsi qu'en Jésus-Christ le mal comme souffrance triomphe du mal comme malignité. Toute souffrance n'est pas rédemptrice. Subie, la douleur déprime. Mais Jésus a souffert librement et en s'unissant à la sainte volonté du Père. La vertu divine s'est communiquée à cette souffrance.

Et comme il s'est guéri, ainsi, par lui, nous pouvous guérir. Jésus est la voie, la vérité et la vie. Il est la voie, car il est un autre nous-même, réunissant, en les portant à l'infini, et notre grandeur et notre misère. Il est la vérité, car il nous offre, sur Dieu et sur nous-mêmes, des lumières que nous ne trouvons qu'en lui. La croix, où Dieu châtie et pardonne, où la bassesse se change en gloire, nous enseigne que Dieu est à la fois juste et miséricordieux, juste envers les superbes, miséricordieux envers les humbles. La croix nous sauve, et de l'orgueil stoïque, qui prétend s'égaler à Dieu, et du désespoir où la vision du néant plonge les athées. Et il est la vie. Non que son action se substitue à la nôtre : l'œuvre de notre régénération ne peut se faire sans nous. Mais la certitude de la miséricorde divine excite à l'action, puisqu'elle nous permet d'espérer que nos efforts ne seront point stériles.

Certes, par nous-mêmes, nous ne pouvons rien d'utile à notre salut. Mais Jésus-Christ est proprement le second Adam. Nous avons tous péché dans le premier, où tous nous existions virtuellement. Le fond de notre désir naturel, c'est ce qu'il a voulu. En revanche, nous pouvons tous, si nous le voulons, vivre dans le second, et nous revêtir de son mérite. Il faut, pour qu'il en soit ainsi, que tout ce qui est arrivé en lui se reproduise en nous. Il faut que nous souffrions avec lui, que nous mêlions nos prières à ses prières, notre amour à son amour. Il faut que nous devenions membres de Jésus-Christ. Être membre, c'est n'avoir de vie, d'être et de mouvement que par l'esprit du corps et pour le corps auquel on appartient. Par l'amour donc, nous pouvons vivre en Jésus-Christ, et renaître avec lui. Jésus-Christ est le véritable Dieu des hommes.

Unis à Jésus-Christ, nous avons sur les choses une vue que nous n'aurions pu obtenir par nos facultés naturelles. Par celles-ci nous essayons de remonter des conséquences au principe, et le principe nous fuit, d'une fuite éternelle. Nous marchons de contradictions en contradictions. Avec Jésus-Christ, nous partons du principe vivant des choses; et ce qui, aperçu du dehors, était contrariété irréductible, se révèle logique supérieure et parfaite harmonie.

Et d'abord, la Bible, les miracles, les prophéties, les figures, qui apparaissaient à nos regards étonnés comme calculées pour aveugler les uns et éclairer les autres, prennent une signification nouvelle. Ceux que Dieu aveugle ont véritablement voulu, dans leur orgueil et leur esprit charnel, ne croire qu'à leur raison et nier ce qui les dépasse : Dieu les livre à leur aveuglement. Ceux qu'il éclaire sont ceux qui le cherchent de bonne foi et se soumettent à la vérité. Se donner à Dieu, source de toute bonne action, c'est déjà le posséder. On peut donc dire, en langage humain, qu'il dépend de nous d'être éclairés ou aveuglés. Tout se passe comme si nous pouvions, par nous-mêmes, obtenir la grâce de Dieu. Aux yeux de la foi, l'action de Dieu n'enlève rien à l'action de l'homme : elle en fait la réalité.

Éclairés par Dieu, nous trouvons de nouveaux sujets de croire dans les difficultés mêmes que la

Bible offrait à notre raison. Certaines prophéties semblent ne s'être point réalisées : c'est que nous les entendons mal. Nous leur prêtons un sens matériel, alors qu'elles en ont un spirituel. Les Juifs attendaient un Messie puissant selon le monde, parce qu'ils étaient charnels. Le chrétien sait que l'ordre de la grandeur matérielle n'est rien devant l'ordre de la charité, et il entend la royauté du Messie dans le sens de sa grandeur morale. Il en est de même des figures et des miracles. Les figures veulent être interprétées en esprit et en vérité, sans que pourtant cette interprétation laisse aucune place à l'arbitraire. Les miracles qui prouvent la religion doivent être distingués des autres ; car il y a de faux miracles, sans signification et sans valeur. Tantôt les miracles discernent la doctrine, tantôt la doctrine discerne les miracles. L'amour de Dieu est, ici encore, le guide nécessaire et infaillible. Il fixe notre raison, qui, d'elle-même, erre à l'aventure quand elle s'occupe des choses surnaturelles.

La clarté qu'il trouve désormais dans la Bible, l'homme la trouve également en lui. Aux yeux de la raison naturelle, il n'était que contrariété et impuissance. Il connaît maintenant, et l'ordre qui est au fond de sa nature, et la cause et le remède du désordre qui s'y manifeste.

L'homme a trois facultés : cœur ou volonté, raison, sens. Si ces facultés sont actuellement en conflit les unes avec les autres, c'est que leurs rapports primitifs sont renversés.

Le cœur, suivant sa pente actuelle, va vers le moi comme vers sa fin suprême. Cette tendance est l'effet du péché, par lequel le moi s'est préféré à Dieu. Mais, régénéré par la grâce, le cœur se détache de son idole pour aller au Dieu véritable; et, soumis lui-même, il domine et dirige à bon droit toutes nos facultés.

Les sens, que nous faisons juges des choses divines, à la lumière desquels nous prétendons résoudre le problème de notre destinée, ne se rapportent en effet qu'au monde matériel créé par Dieu. Ils perçoivent les faits physiques, comme le cœur, détaché des sens, perçoit les vérités morales et les premiers principes. Dans leur domaine, ils sont des témoins sûrs, les seuls à qui appartiennent la compétence et l'autorité.

Notre raison est située entre ces deux puissances d'intuition, comme un serviteur entre deux maîtres. Ce fut l'erreur des philosophes, de lui prêter des principes propres et la puissance de se suffire. Tous les principes que ces faux sages s'imaginent tirer de la raison viennent, en réalité, de nos sens ou de notre cœur corrompus. La raison n'a point de principes propres. Sa fonction légitime est de se joindre aux sens, quand il s'agit de connaître le monde des corps, aux impressions de la grâce sur la volonté quand il s'agit de connaître les choses divines. Entre la science de la nature et la religion il n'y a point de place pour la philosophie : cette prétendue science n'est que le dernier effort de l'orgueil humain pour s'égaler à Dieu et rendre la croix inutile.

Et ainsi il y a trois ordres d'existences : celui des corps, celui des esprits et celui de l'amour de Dieu; et la distance infinie qui sépare le premier du second, n'est que la figure de la distance, infiniment plus grande, qui sépare le second du troisième. Avec la connaissance et l'observation de ces rapports rentrent dans l'âme humaine l'harmonie et la paix.

Comme elle nous éclaire sur la religion et sur nous-mêmes, ainsi la foi en Jésus-Christ règle notre conduite. Le digne objet des désirs de l'homme, c'est la possession de la grâce divine. Or il n'y a pas de formule d'incantation qui puisse forcer Dieu à nous la communiquer. C'est l'erreur mortelle des païens et des chrétiens qui pensent en païens, de soumettre Dieu aux actions des hommes. Mais, d'autre part, il ne faut pas croire, avec certains chrétiens, imbus de l'erreur contraire, que Dieu nous sauve sans notre participation, que nos actes sont indifférents, que Jésus-Christ prend purement et simplement notre place devant le tribunal de son père. La vérité, c'est que l'œuvre de la grâce, toute divine dans sa source, est nécessairement accompagnée de l'action humaine. Cette action consiste à prendre part à l'œuvre de salut qui s'est accomplie par la miséricorde divine, à vivre en Jésus-Christ, comme nous avons vécu en Adam. Vivre en Jésus-Christ, c'est être admis à sa gloire en partageant ses souffrances. Il ne nous a pas dispensés de souffrir, puisqu'il est notre modèle et qu'il a souffert. Mais il nous a donné le moyen de rendre nos souffrances fécondes.

La vie chrétienne est ainsi une vie de mortification. La souffrance que nous nous infligeons en communion d'esprit avec Jésus-Chrit est notre part dans l'œuvre de notre salut. Par elle nous travaillons nous-mêmes à diminuer en nous la triple concupiscence des sens, de l'esprit et de la volonté. Par elle nous libérons notre cœur des objets périssables et vils qui le déshonorent, afin qu'à leur place rentre en lui l'amour de Dieu. Et, en effet, l'amour de Dieu le remplit à mesure qu'il s'épure. Car c'est sous son influence même qu'il luttait et se mortifiait. La souffrance de plus en plus docilement acceptée est le signe de la régénération intérieure.

L'amour de Dieu, ce devoir suprême qui seul donne un sens à tous les autres, et qui pourtant dépasse infiniment les forces de notre nature, se réalise en nous sous l'action de Dieu, et, dès cette vie, nous appelle au partage de la vie divine. Nous ne saurions toutefois nous y abandonner passivement et nous affranchir de la lutte et de l'épreuve. Comme la nature n'est qu'une image de la grâce, ainsi la grâce elle-même n'est que la figure de la gloire. La vie du chrétien est le progrès de plus en plus libre et joyeux de l'âme vers un terme que la mort seule lui permettra d'atteindre.

CHAPITRE IX

PASCAL ET SES DESTINÉES

Le visage de Pascal, autant que nous en pouvons juger par le masque moulé après sa mort et par un ou deux portraits, avait une expression singulière d'intelligence, de réflexion, de finesse, d'ironie imperceptible, de décision, de candeur et de spiritualité. Plus que ses lèvres fines et élégantes, plus que son nez à la courbure prononcée, on remarque tout de suite ses yeux au regard scrutateur, calme et impérieux, dont on ne peut dire s'ils attirent par le beau génie qu'ils manifestent, ou s'ils intimident par leur expression de détachement.

Si remarquable que soit cette physionomie, elle ne traduit que faiblement une vie intérieure d'une richesse et d'une intensité extraordinaires. Pascal réunissait des qualités singulièrement différentes : le don des sciences d'observation et de raisonnement, et le sens très pénétrant des choses du cœur et de l'âme, le besoin de connaître et le besoin d'aimer, le penchant à la vie intérieure et le désir ardent d'agir sur les autres hommes, la candeur et l'ambition, la simplicité et l'habileté, la puissance d'abstraction et l'imagination, la passion et la volonté, la spontanéité d'une nature généreuse et le goût du travail, de la lutte et de l'effort. Un trait dominant de son caractère était la fantaisie de vouloir exceller en tout. Cette exigence de la perfection l'empêchait d'admettre les tempéraments, les concessions, les moyens termes. En toutes choses il cherchait l'absolu. Les qualités mêmes qui paraissent le plus difficilement compatibles, il les poussait à l'extrême, et il prétendait les ramener à l'unité.

Son esprit a passé par plusieurs phases, déterminées par son génie naturel, par les circonstances et par sa volonté.

Élevé par son père dans le principe du compromis entre les intérêts temporels et les intérêts spirituels, il apprend que la vraie religion chrétienne oblige à n'avoir point d'autre objet que Dieu seul. Il embrasse aussitôt cette manière de voir, où il trouve la perfection et l'exactitude dont il est avide. Et cependant ses attachements profanes persistent dans son âme; et, son intelligence ayant eu dans sa conversion plus de part que son cœur, il oscille entre l'amour de Dieu et l'amour des sciences. Puis, vivant dans le monde, il en est séduit; et il prend conscience de la profondeur, de la beauté, de la dignité de la nature humaine. Il observe et il éprouve que la passion est l'essence de l'homme, et que la passion consiste, au fond, dans le besoin de posséder un objet égal à la capacité du cœur humain. Désormais il cherchera dans l'homme même le fondement de toute doctrine qui voudra s'imposer à l'homme. Or, tandis qu'il se complaît dans l'estime de la nature humaine, cette nature lui apparaît comme déchirée par une contrariété interne : il y a en elle une disproportion invincible entre la puissance et la destinée. Il se trouble, et il souffre ; et bientôt la foi au Dieu d'amour, comme objet unique de l'âme, se réveille en lui : il y trouve le remède, non seulement théorique, mais pratique et efficace, au mal dont il souffre. Par elle il recouvre la paix et la joie. Cette fois, la conversion est définitive, parce qu'elle ne consiste plus dans une simple adhésion de l'intelligence, mais dans un véritable renouvellement du cœur et de la volonté. Dès lors, Pascal prend la résolution de consacrer à Dieu toutes ses facultés. Il combattra ce mélange de l'esprit chrétien avec l'esprit du siècle, ce partage de l'âme entre soi et Dieu, qui est la gageure impossible à tenir. Il travaillera à son perfectionnement et à la conversion des autres hommes, et il n'estimera les sciences elles-mêmes que dans la mesure où elles pourront servir à la religion.

La forme dont il revêt ses idées dans les ouvrages qu'il est amené à écrire suit de l'objet qu'il a en vue. Son effort ne tend qu'à manifester l'œuvre intime de la grâce, qui arrache l'homme naturel à son orgueil ou à son indifférence, et l'appelle à l'amour par le don de soi. C'est ce double effet de la grâce que traduit le style de Pascal. D'une part il accumule les peintures saisissantes, les contrastes violents, les exagérations mêmes de langage, propres à ébranler l'imagination et à secouer la paresse de l'homme naturel. D'autre part il trouve les mots qui pénétreront le cœur et le gagneront, qui lui inspireront la confiance, qui l'ouvriront à la foi, à l'amour et à la joie. Et d'un bout à l'autre du discours se déroulera la chaîne d'un raisonnement inflexible, moyen humain de s'élever de la nature à Dieu, transition entre la fausse science et la foi.

Il y a en Pascal un savant, un chrétien, un homme. Chacun des trois est un tout, l'un est l'autre, et les trois ne font qu'un. Ce qu'il rejette, c'est la philosophie, ce monstrueux accouplement d'un objet surnaturel avec des puissances de connaître dont la portée ne s'étend qu'à la nature. Et l'on ne peut faire de lui un philosophe qu'en transformant, contrairement à sa croyance, ses doctrines religieuses en symboles de doctrines rationnelles. Pascal plaça dans le christianisme, en toute sincérité, le centre de sa pensée et de sa vie. Il l'entendit en ce sens que, vivant en Jésus-Christ, l'homme n'a plus une pensée qui ne tende à Dieu, et qui, par conséquent, ne vienne de Dieu.

Pascal n'a vécu que trente-neuf ans. Il n'a écrit qu'un ouvrage, les *Petites Lettres*, et des fragments, dont la plupart ne sont que des ébauches. Néanmoins il a laissé une trace si profonde, que la plupart des grands penseurs, du moins dans les pays de langue française, se sont, ou nourris de sa pensée, ou révoltés contre lui.

Comme écrivain il a réalisé l'une des formes les plus exquises de la prose française : une langue encore riche de vieux mots énergiques et familiers, de termes concrets, d'images hardies, et en même temps sobre, simple, précise et claire; une syntaxe à la fois souple et rigoureusement logique; une construction très libre, qui admet la belle ampleur régulière de la période latine, mais qui ramasse, brise, prolonge ou allège la phrase avec une aisance et un art tout français. Cette forme si fraîche dans sa perfection aura beau être considérée comme un modèle par nos écrivains du XVIIe siècle : aucun d'eux, non pas même les plus grands, ne réunira toutes les qualités qu'avec tant de naturel a combinées Pascal. Sauf chez La Fontaine, l'ordre de la raison laissera au second plan l'ordre du cœur ou de l'imagination. Et parmi les formes diverses qu'a présentées la langue française après le XVIIe siècle, depuis Voltaire et Rousseau jusqu'à Chateaubriand et Victor Hugo, il n'en est guère dont on ne trouve des germes dans le style de Pascal.

Comme la langue, ainsi la personne et les idées de Pascal ont eu, après lui, une vie et des destinées.

Pascal offrait un exemple éclatant de la possibilité de réunir et concilier la plus haute raison avec la foi la plus docile et la plus humble. Il fut de ceux qui contribuèrent le plus à mettre en honneur cette harmonie de la science et de la foi, qui fut l'un des traits du XVIIe siècle.

Il eut sur son temps une influence plus particulière. Aux dangers que faisaient courir à l'Église chrétienne de redoutables ennemis du dedans, il avait opposé, avec ses amis de Port-Royal, mais d'une manière plus vivante et plus laïque, la restitution de la religion dans sa pureté et sa sévérité primitives. Or les *Provinciales*, où il plaida pour la morale de l'amour de Dieu, n'eurent pas seulement un succès mondain. Condamnées à Rome au point de vue du dogme, elles firent condamner, et par la conscience publique et par l'Église, la morale relâchée des jésuites, et elles contribuèrent à la suppression de l'ordre en 1764.

D'autre part, la doctrine des *Pensées* sur la corruption naturelle de l'homme et sa régénération par la grâce, sur la misère de l'homme sans Dieu et la grandeur de l'homme avec Dieu, sur l'accord intime de l'action humaine avec l'action divine, se retrouve plus ou moins dans le christianisme du XVIIe siècle et dans les systèmes de ce temps qui s'inspirent de la religion. Tels les enseignements de Bossuet ou de Bourdaloue, les vues de Racine, de Boileau ou de La Bruyère, les systèmes de Malebranche, de Spinoza, de Leibnitz. Il ne semble pas, toutefois, que la relation précise établie par Pascal entre le christianisme et la nature humaine ait été pleinement comprise et appréciée par ce siècle, dominé, malgré qu'il en eût, par l'esprit dualiste du cartésianisme.

Cependant la raison, mal satisfaite de l'indépendance relative que lui avait reconnue le XVIIe siècle, prétendit, avec les philosophes du XVIIIe, à l'indépendance absolue. Pascal apparut alors comme un exemple dangereux, dont il importait de détruire l'influence. Déjà Leibnitz, en même temps qu'il professait la plus grande admiration pour Pascal savant, reprochait au chrétien d'avoir eu l'esprit plein des préjugés de Rome, et insinuait que de bonne heure son intelligence s'était dérangée, par suite d'austérités excessives. Plus exclusif, Voltaire ne voulut voir dans les idées religieuses de Pascal que l'effet de la compression exercée sur son génie par l'esprit de son temps. Un fou sublime né un siècle trop tôt : c'est ainsi qu'il le caractérise; et il le poursuit de ses sarcasmes, lui reprochant d'avoir calomnié la nature humaine, et d'avoir follement enseigné à l'homme qu'il doit être mieux qu'un homme. Condorcet conçut dans ce sens la célèbre édition qu'il donna des *Pensées* en 1776. Il y plaint tour à tour et y gourmande Pascal de s'être laissé opprimer par la superstition. Tel est encore le point de vue d'André Chénier, lorsqu'il condamne, avec une mordante éloquence, ce Pascal, qui, dit-il, employa tant de talent et de génie à maudire le bon sens qui examine et à se révolter contre le doute; homme arrogant et orgueilleux sous les formes de l'humilité, indigné qu'aucun mortel se crût permis de secouer un joug qu'il voulait porter lui-même.

Pour mieux s'expliquer comment un si grand génie avait pu subir une pareille défaillance, on s'habitua à voir en lui un malade. Condorcet avait parlé d'une amulette de Pascal. Il appelait ainsi le mémorial qu'on trouva dans son pourpoint après sa mort. Voltaire avait reproduit la légende d'un abîme que Pascal aurait cru voir à côté de sa chaise pendant la dernière année de sa vie. Le *Recueil d'Utrecht* racontait un accident étrange, qui serait arrivé à Pascal sur le pont de Neuilly, et qui aurait frappé son imagination. Rassemblant et commentant ces historiettes, on en vint à croire que Pascal avait été un halluciné et un fou, au moins par intervalles; et l'heure vint où un distingué médecin philosophe, Lélut, démontra savamment cette thèse, dans un travail intitulé : *L'amulette de Pascal, pour servir à l'histoire des hallucinations,* 1846.

Cependant, dès le milieu du XVIIIe siècle, Rousseau opposait le sentiment au raisonnement, et construisait une histoire de la société qui n'était autre qu'une traduction philosophique de l'histoire religieuse de l'âme, passant successivement par les états de nature intacte, de nature corrompue et de nature réparée. Ceux que séduisaient les idées de Rousseau lurent Pascal d'un autre œil que Voltaire. Ils virent en lui un mystique, démontrant à l'homme qu'il serait voué au pyrrhonisme, s'il n'avait que sa raison, mais lui révélant, dans les élans secrets de son cœur, le principe d'une foi et d'une certitude inébranlables. C'est ainsi que Jacobi, qui devait être l'un des plus parfaits représentants de la philosophie du sentiment, se nourrit particulièrement de la lecture de Pascal, en même temps que de celle de Rousseau, et prit pour devise la célèbre maxime : « Le cœur a ses raisons, que la raison ne connaît point. » Comme Jacobi, la plupart de ceux qui ont cherché dans les inspirations immédiates du sentiment un refuge contre les incertitudes de la raison ont été des disciples ou des admirateurs de Pascal.

Avec Chateaubriand, Pascal redevient, comme au XVII siècle, le grand penseur qui a été en même temps un grand croyant; et c'est à la foi elle-même que, selon l'auteur du *Génie du Christianisme*, il doit son génie littéraire. Le Pascal sophiste que rêvait Voltaire eût été infiniment inférieur à Pascal chrétien. Pascal, tel qu'il a été, nous offre une preuve vivante et souveraine de l'excellence du christianisme.

Et pourtant le même Chateaubriand, dès l'époque où il s'exprime ainsi, insinue que la raison de Pascal, portée aux négations extrêmes, fut enchaînée par sa foi et réduite au silence. Et plus tard, il se prononcera expressément pour la conception d'un Pascal sceptique, qui s'est fait chrétien en enrageant, et qui est mort à la peine. Ce Pascal est proprement celui des romantiques. Il personnifie d'une manière admirablement tragique la lutte de l'intelligence et du cœur. Je l'aime ainsi, dit Chateaubriand, je l'aime, tombant à genoux, se cachant les yeux à deux mains et criant : « Je crois », presque au même moment où il lâche d'autres paroles qui feraient craindre le contraire.

Dès 1823, Villemain, dans ses *Discours et Mélanges*, disait que cette puissante intelligence avait reculé vers les pratiques superstitieuses, pour fuir de plus loin une effrayante incertitude. Sept ans plus tard, en 1830, Victor Cousin entrevoit le scepticisme de Pascal ; et quand, ensuite, il étudie le manuscrit des *Pensées*, il l'y trouve. Dès lors, il révèle à ses contemporains, en 1842, un Pascal tourmenté par le doute autant que par la maladie, et pour qui la foi fut une incrédulité mal soumise. Ce Pascal est très vivant parmi nous, comme en témoignent les beaux vers de Mme Ackermann; ou de Sully Prudhomme :

La foi n'est, dans Pascal, qu'une agonie étrange;

ou de Jules Lemaître : Sur le tombeau où tu enfouis ta raison, ta gloire, ton génie, tu plantas une croix ;

> Mais sous l'entassement des ruines vivantes
> L'abîme se rouvrait, et, pleine d'épouvantes,
> La croix du Rédempteur tremblait comme un roseau.

Dans le temps même que Victor Cousin, après plusieurs, découvrait un Pascal sceptique, le profond spiritualiste Alexandre Vinet, pour qui la religion consistait à éprouver en soi l'action divine, plaçait le principe de la doctrine de Pascal dans le pessimisme et faisait consister sa méthode à aller de l'homme à Dieu et à voir par le cœur. Il retrouvait en lui la religion telle qu'il la concevait, c'est-à-dire comme affaire d'expérience intérieure et individuelle. Et quand parut l'édition Faugère, publiée d'après le manuscrit, il la salua en ces termes : Pascal nous est rendu, non le Pascal sceptique, mais le Pascal que nous connaissions, Pascal convaincu, fervent et heureux.

Tandis que, sur le sujet des rapports de la raison et de la foi, chacun cherchait plus ou moins dans Pascal ce qui se rapportait à ses idées, le Pascal des *Provinciales* demeura, en même temps que l'écrivain incomparable, l'adversaire par excellence de la morale des jésuites. En vain l'ordre des jésuites, supprimé en 1764, fut-il rétabli en 1814. En vain le fondateur de l'Institut des Rédemptoristes, saint Alphonse de Liguori, restaura-t-il le probabilisme, sauf explication, en ce qui concerne l'adultère, le parjure et l'homicide : la conscience publique n'a point cassé le jugement de Pascal. Et la maxime qui justifie les moyens par la fin; la duplicité savante qui permet de mentir en faisant semblant de dire la vérité; la casuistique, qui réduit en règles ce qui n'en comporte pas et tue l'esprit par la lettre; la complaisance qui appelle bien ou déclare permis ce qui est mal, sous prétexte que les hommes répugnent à s'en détacher; le formalisme, qui dispense les hommes du devoir d'amour et de piété intérieure; la religion comme instrument de domination; l'habileté et la politique, comme moyens de travailler à l'avènement du royaume de Dieu, sont demeurés des objets d'aversion pour les âmes religieuses et délicates. Certes les critiques de détail ont été prodiguées aux *Provinciales*. On a contesté l'exactitude de telle citation, l'interprétation de telle formule théologique, l'attribution à l'ordre entier des assertions de quelques membres. Et, Pascal eût-il été plus fort théologien, la discussion, sans doute, serait toujours possible. Mais ce qu'il a condamné reste condamné, non seulement dans le ciel, mais sur la terre même.

Aujourd'hui, l'esprit d'analyse domine. On est moins disposé à chercher dans Pascal des armes ou des arguments en faveur de telle ou telle doctrine qu'à l'étudier sans parti pris, de manière à se faire une juste idée de ce qu'il a été véritablement. C'est avec Sainte-Beuve et Ernest Havet, lequel publia en 1852 sa première édition des *Pensées*, que commencèrent ces recherches vraiment historiques. Sainte-Beuve, toutefois, si érudit, si souple, curieux et pénétrant, est encore hanté par l'idée d'un Pascal romantique, qui n'aurait jamais plus douté que dans le temps où il a le plus cru. De son côté, Ernest Havet, très exact, savant et solide exégète, considère et juge Pascal du dehors, au nom de son propre rationalisme. Après les travaux récents d'Édouard Droz, Ravaisson, Sully Prudhomme, Rauh, Michaut, Brunschvicg, Victor Giraud entre autres, on peut dire que Pascal, tel qu'il a été dans sa propre conscience et tel que ses amis l'ont connu, a décidément remplacé le personnage, en partie composé par les écrivains mêmes, que depuis longtemps on présentait sous son nom. Désormais l'auteur des *Provinciales* et l'auteur des *Pensées*, le grand savant et le grand chrétien, l'honnête homme et l'ami de Port-Royal, le dialecticien et le croyant, ne prennent plus à tâche de se nier l'un l'autre. Considéré du point de vue de l'histoire proprement dite, Pascal apparaît comme un génie très riche, avide d'unité et d'excellence, dont toutes les puissances, sans s'affaiblir, se sont rangées sous la foi, sous l'amour de Dieu.

Et ce Pascal véritable ne semble pas moins capable d'influence que celui que les hommes formaient à leur image.

Longtemps satisfaite des systèmes d'apologie qui s'appuient principalement sur la raison pure et sur l'autorité, l'Église catholique voit se produire, dans son sein, de remarquables efforts pour chercher les premières raisons de croire, non plus dans les objets de la foi, mais dans l'homme et dans sa nature. Selon cette méthode, la condition première de toute démonstration de la religion serait l'éveil, en l'âme humaine, du désir de posséder Dieu, désir qui, à la vérité, en fait le fond, mais qu'opprime notre vie sensible. Il s'agirait de démêler, dans la nature même, l'exigence du surnaturel. Or c'est en partie sous l'influence de Pascal, lu et médité en toute simplicité de cœur, que se développent ces côtés de l'apologétique chrétienne.

Ce n'est pas tout : à plus d'un chrétien qu'enveloppe une atmosphère d'ambitions mondaines, l'auteur du *Mystère de Jésus* vient rappeler que la religion est toute dans l'amour de Dieu, et qu'il est impossible que Dieu soit jamais la fin, s'il n'est le principe. Et sa force se communique aux âmes généreuses qui, avec lui, veulent qu'en elles-mêmes et dans les autres le christianisme soit une vie, et non une formule ou le mot d'ordre d'un parti.

Tous les chrétiens, tous les hommes sensibles à la parole de l'apôtre : « Dieu est amour, » à quelque église qu'ils appartiennent, trouvent dans Pascal un frère, auquel ils s'unissent de cœur, pour devenir meilleurs et plus pieux par cette communion.

Et ceux qui ne partagent point, sous sa forme précise, la foi de Pascal, sont, eux aussi, fortement touchés par la lecture de ses ouvrages. Les peintures que Pascal fait de l'homme sont trop vraies et trop vivantes, les sentiments qui ont agité son âme trouvent trop de retentissement en toute âme soucieuse des choses morales, pour que l'on borne les objets de sa foi à leur sens littéral et matériel. La nature et la grâce, la concupiscence et la charité, c'est la matière et l'esprit, l'impulsion aveugle et l'effort volontaire, l'égoïsme et le sacrifice, la passion et la liberté. Comment rester sourd à cette belle et fortifiante doctrine, suivant laquelle la volonté sérieuse de renoncer à notre moi injuste et égoïste est déjà, par une grâce mystérieuse et efficace, la force positive et vivante nécessaire pour transformer ce moi et y infuser la bonté et l'amour! Comment n'être pas frappé de ce sens si profond de la misère et de la grandeur de l'homme! L'homme est misérable, puisque, s'il s'abandonne à la pente de sa nature et à la loi d'inertie, s'il cesse de vouloir, de lutter, de peiner, il dégénère de plus en plus, et déchoit de sa dignité d'homme. Mais il est grand, puisqu'il est capable de s'élever toujours davantage au-dessus des autres créatures et au-dessus de lui-même, et que le Dieu qui doit le porter en haut est près de lui, est en lui, comme le fond même de son être. Mais qu'il renonce décidément à la commode doctrine selon laquelle des fins louables pourraient être atteintes par des moyens déshonnêtes, comme si les vices, habilement maniés, pouvaient d'eux-mêmes produire la vertu. C'est par le bien qu'il faut aller au bien et combattre le mal; seul, l'amour peut vaincre la haine et préparer le règne de l'amour.

Que l'homme donc cherche en lui-même, et non dans quelque révélation purement extérieure, les principes de sa science, de sa morale et de sa religion; mais que ce moi tumultueux et contradictoire, qui se présente d'abord à son regard, ne lui soit que le masque qu'il brisera pour découvrir son moi véritable. Et que, par une lutte opiniâtre avec ses instincts égoïstes, il crée et développe en lui, jusqu'à s'en faire une seconde nature, la puissance d'aimer et de se donner à ce qui est grand.

La doctrine du bien par le bien est trop conforme aux aspirations de l'âme humaine pour rencontrer quelque opposition, sinon dans les esprits, du moins dans les consciences. Mais il est un point de la doctrine et de la vie de Pascal qui provoque parfois l'étonnement ou le blâme, c'est son culte de l'ascétisme. Ce culte n'est pas séparable de sa personne et de ses croyances : il en est une pièce. La mortification est, aux yeux de Pascal, notre part dans la lutte contre notre nature corrompue. C'est l'action, proprement humaine, qui doit nécessairement accompagner et exprimer l'action divine dans l'œuvre de notre salut.

Rejeter de tout point l'ascétisme, ce serait prétendre que toutes les parties de notre nature ont un droit égal à l'existence et au développement. C'est ce qu'aucune morale n'a jamais admis. Socrate faisait de la tempérance la condition première de la science et de la vertu. Or, plus la fin que l'homme se propose est élevée, plus grande est la résistance de sa paresse naturelle, plus il est obligé de se combattre et de se vaincre.

Est-il certain, toutefois, que nous devions travailler, non seulement à modérer, mais à anéantir les instincts inférieurs de notre nature? Certes, pour qui cherche la sainteté, c'est le parti le plus sûr. Mais il est des dangers que le devoir même nous ordonne d'affronter. Et n'est-ce pas notre devoir, loin de nous enfuir hors de la nature, de la plier à l'accomplissement du bien? La nature, d'ailleurs, est-elle foncièrement rebelle? Pascal l'a dit :

dans notre nature même il y a de la grandeur, comme il y a de la bassesse. L'une et l'autre, en réalité, ne sont pas séparables; et le même instinct qui nous dégrade, si nous nous y abandonnons passivement, nous soutient et nous porte, si nous le pénétrons d'intelligence et de liberté. Les choses ne sont pas seulement des voiles qui cachent Dieu, elles sont encore des signes qui le révèlent; et ce Dieu, dont tout dépend, peut être cherché, non seulement en lui-même, comme le voulait Pascal, mais encore à travers ses œuvres et ses symboles naturels. Tâche moins glorieuse, incapable de suffire à une âme bouillante qui ne se peut contenter que de l'excellence; la seule pourtant, ce semble, qui soit proportionnée à la condition de l'humanité. Le néant et l'infini ne sont pour nous que deux limites idéales. « C'est sortir de l'humanité, a confessé Pascal lui-même, que de sortir du milieu : la grandeur de l'âme humaine consiste à savoir s'y tenir. »

BIBLIOGRAPHIE

Éditions.

Œuvres de Blaise Pascal. A la Haye, chez Detune, 1779, 5 voi. in-8 (édition Bossut).

Œuvres complètes de Blaise Pascal. Paris, Hachette, 3 in-12 (Éd. Lahure).

Collection des grands écrivains, Paris, Hachette : les *Provinciales*, éditées par Prosper Faugère, 1887-1895 ; les *Pensées*, édition Brunschvicg, 3 in-8, 1904.

Les Provinciales : éditions abbé Maynard, Paris, 1851, 2 in-8 ; Lesieur (texte critique), Hachette, 1867 ; Ernest Havet, Paris, Delagrave, 1889, 2 in-12 ; John de Soyres, Cambridge and London, 1880 ; Molinier, Paris, Lemerre, 1891.

Les Pensées : édition de Port-Royal, Paris, Desprez, 1670 ; éditions Condorcet (remarques de Voltaire), Paris, 1776 ; Faugère (d'après les manuscrits), chez Andrieux, 1844 ; Havet, chez Delagrave, 1852-1887 ; Molinier, chez Lemerre, 1877-1879 ; G. Michaut (texte critique), Fribourg (Suisse), 1896 ; Brunschvicg, pet. in-16, chez Hachette, 1896 ; V. Giraud, chez Bloud, 1907 ; Gazier (édition de Port-Royal, corrigée), Paris, 1907.

L'entretien de Pascal avec M. de Saci (nouveau ms.), Gazier, dans la Rev. d'hist. littér. de la France, 1895.

Abrégé de la vie de Jésus-Christ (texte crit.), G. Michaut, Fribourg (Suisse), 1897.

Discours sur les passions de l'amour, G. Michaut, Paris, 1900.

Opuscules choisis, V. Giraud, Paris, 1905.

TABLE DES MATIÈRES

1704-12. — Coulommiers. Imp. PAUL BRODARD. — P1-12.

www.ingramcontent.com/pod-product-compliance
Ingram Content Group UK Ltd.
Pitfield, Milton Keynes, MK11 3LW, UK
UKHW021137260726
13994UKWH00001B/187

9 782329 509167